英語は将来こう変わる

鈴木寛次・三木千絵 著

大修館書店

はしがき

　言葉の変化は社会の変化に合致する。ゆったりした社会なら言葉もゆったりする。乱れた社会では言葉も混乱状態になる。

　今日の日本語の乱れはすさまじい。言葉の端々に英語，フランス語，ドイツ語などの様々な横文字が登場する。さらに表現方法も変化している。

「不景気で生活ができないみたいな」

「不景気で生活が苦しい感じ」

と文が終わらない。意見を断定しないで曖昧にしている。ある言語学者は他人からの批判を逃れる術であるという。

「不景気で困ったとは思いますが」

と言う。「困ったとは思いますが」ではまるで「困っていると思わない」と言っているようである。しかし，文脈から判断すると「困っている」の意味である。

「この化粧水はいいんだな，気持ちいいんだな」

と言う。

　女性の言である。最近，女性の言葉が男性化している。特に若い女性の場合に顕著である。男女の言葉の表現方法が極端に異なる言語は世界で多くはない。表現方法の相違が男女差別になる場合もある。ゆえに言葉における男女差がなくな

りつつあるのは好ましい現象かもしれない。

　さらに最近特に顕著な表現傾向に「…だというふうに思います」がある。本来なら「…だと思います」であるべき。「…だというふうに」では表現が弱まる。やはり，表現を弱める責任逃れの気持ちの表れか。

　英語における言葉の変化はどうであろうか。

　西暦1620年に信仰の自由を求めてイギリスからアメリカに渡ったピルグリムファーザーズまで英語は英語であった。その後，英語はアメリカ英語，カナダ英語，オーストラリア英語，ニュージーランド英語へと分化を始めた。1700年代にドクタージョンソン（Dr.Johnson = 1709-1784）を中心に文法の整備を図ったイギリス英語に比べるとアメリカ英語は旧態依然として古い体質を維持していた。第2次世界大戦後アメリカが世界の政治的・経済的指導者になると言語的にもアメリカ英語の影響力が強くなり，イギリス英語に影響を与えるようになっていく。

　アメリカ英語は変化と活力に満ちた英語を特徴とする。そのため次々と新たな表現を生み出していく。アメリカ生まれの非標準英語がやがて標準英語へと変化していく。かつては俗語用法といわれた用法が標準英語化している。

　今日でもイギリス英語はアメリカ英語と比較すると，文法通りの言語特徴を多くもつ。しかし，もはやアメリカ英語の影響を排除するのは不可能である。アメリカの若者文化がイギリス文化を席巻する。アメリカのファッションがイギリスに入る。アメリカの言葉をイギリス人が受け入れる。

本書の目的は，最近数年間のアメリカとイギリスの新聞・雑誌などを分析し，両者の英語が過去どのような変化を遂げてきたかを考察する。その上，今日までの変化を踏まえ，近い将来どのように発展していくかを見据えることにある。

　日本語がいまだかつてない急激な変化を受けているのと同様に，英語も驚くべき変化を受けている。英語は世界中の語彙を受け入れる一方で，各言語の特質を見事に同化させている。今日の英語は学校文法の枠を超えて新たな領域へ踏み込んでいく。その変化を本書で体得してほしい。

　本文に引用した例文は最近5年間におけるアメリカの雑誌・新聞の *Newsweek, Time, BusinessWeek, U.S. News and World Report, Fortune, The New Yorker, Esquire, Reader's Digest, Cosmopolitan, The Los Angeles Times* など，イギリスの雑誌・新聞の *The Economist, The Guardian Weekly, The Telegraph* などからのものである。出典は引用文の後に記しており，日付や号数などは割愛した。また，本文中の例文は一部をイタリック体にしているところがあるが，特に断りのない限り，著者によるものである。

　2010年12月

三木千絵　記す

目　　次

はしがき　iii

第1章　拡大化・多様化に向かう変化 …………………… 3
1　構文パターンの変化　3
　1.1　知覚動詞の広がり　4
　　1.1.1　「SVO＋原形不定詞／現在分詞」構文の広がり　4
　　1.1.2　「…のように見える／思える」を表す動詞の語法の変化　14
　1.2　「AをBと考える」を表す動詞の語法の変化　20
　1.3　SVOO構文が使える動詞の広がり　24
　1.4　「SVO＋to不定詞」構文の広がり　25
2　助動詞類・不定詞の語法の変化　27
　2.1　「cannot help but＋動詞の原形」の一般化　28
　2.2　had betterからhad bestへ　30
　2.3　広がるdareの用法　32
　2.4　許容される分裂不定詞　34
3　主語・目的語についての変化　38
　3.1　主語は名詞でなければならないか　38
　3.2　目的語は名詞でなければならないか　45
　3.3　主格に使う目的格me　48
　3.4　同族目的語の変形表現　52
　3.5　間接目的語を主語にした受動態　54
4　代名詞・冠詞についての変化　58
　4.1　代名詞の所有格と定冠詞theの誤用　58
　4.2　thatの特別用法　61
5　語義の拡大と転化　63
6　形容詞についての変化　70

vi

6.1　形容詞の後置はどこまで可能か　70
　　6.1.1　過去分詞や現在分詞の後置　70
　　6.1.2　その他の形容詞の後置　72
　　　6.1.2.1　2つの形容詞が並列して置かれる場合　72
　　　6.1.2.2　形容詞 past, proper などの慣用的後置　73
　　　6.1.2.3　一般的形容詞の後置　74
　6.2　形容詞に見られる同義句の重複　76
　6.3　誤って限定用法が使われている例　78
7　前置詞・接続詞・関係詞についての変化　80
　7.1　前置詞表現の拡大　80
　7.2　and と or が交換可能な例　86
　7.3　関係代名詞 that の非制限的用法　88

第2章　簡略化・省略化に向かう変化　92
1　主語や目的語の省略現象　92
　1.1　主語の省略はどこまで可能か　93
　　1.1.1　主語 I の省略　93
　　1.1.2　非人称 it の省略　94
　1.2　目的語の省略はどこまで可能か　96
　　1.2.1　他動詞の目的語の省略　96
　　1.2.2　形式上の目的語 it の省略　97
2　名詞や冠詞，数詞の省略化・簡略化現象　99
　2.1　消える定冠詞・不定冠詞　100
　2.2　名詞の単数と複数　108
　2.3　名詞の性　111
　2.4　新しい数表現　114
3　形容詞による文修飾　118
　3.1　独立不定詞中の形容詞による文修飾　118
　3.2　比較級・最上級の形容詞による文修飾　121
　3.3　「It + is + 形容詞 + that 節」中の形容詞による文修飾　124
4　前置詞の省略表現　128
　4.1　形容詞補語のように使用される場合の省略　128

目　次　vii

4.2　名詞が副詞のように使用される場合の省略　129
　4.3　前置詞が疑問節を目的語とする場合の省略　130
　4.4　付帯状況 with の省略　131
　4.5　アメリカ英語における前置詞の省略　132
　4.6　その他の前置詞省略表現　135
 5　接続詞・関係詞の省略現象　142
　5.1　並列構文　142
　5.2　関係代名詞主格の省略　146
　5.3　関係代名詞 as の不備用法　148

第3章 「変わらない」英語表現 … 151
 1　動詞・法に関する「古い」表現　151
　1.1　動詞 help の語法の変化　151
　1.2　「be + to 不定詞」の受動用法　155
　1.3　仮定法の衰退と隆盛　157
　　1.3.1　仮定法過去・仮定法過去完了の衰退　158
　　1.3.2　仮定法現在の隆盛　160
　　　1.3.2.1　アメリカ人の仮定法　161
　　　1.3.2.2　「come + 主語」(…になると)　164
　　　1.3.2.3　So be it. (それならそれでいい)　167
　　　1.3.2.4　命令法　168
　　1.3.3　倒置による仮定法　168
 2　名詞・代名詞に残る「古い」表現　170
　2.1　主語・目的語の冗語現象　170
　2.2　「many a + 単数名詞」　174
　2.3　「時を表す名詞 + -s」　175
　2.4　非人称 it の用法　177
　　2.4.1　非人称主語 it の具体化傾向　177
　　2.4.2　意味を持たない非人称目的語 it　178
　　　2.4.2.1　動詞の目的語の場合　178
　　　2.4.2.2　前置詞の目的語の場合　180

第4章　外国語の参入と増加する合成語……………………181
  1　外国語の参入　　181
  2　増加する合成語　　184
　　2.1　合成語造語法　　184
　　2.2　合成形容詞や合成名詞の例　　186
　　2.3　合成による名詞の動詞化　　190

参考辞書……………………………………………193
あとがき……………………………………………194

英語は将来こう変わる

第 1 章
拡大化・多様化に向かう変化

　英語表現には拡大化・多様化に向かう変化が見られる。ここでいう拡大化・多様化とは，例えば，ある動詞で使える構文パターンが増えていることや，ある語が元来持っている意味から別のことが連想されて，新しい意味を持つことを指す。さらには，従来は許容されなかった表現が，今日一般化された，あるいは将来一般化されるであろうと思われるものもある。このような変化は英語の将来に極めて重要である。

❶ 構文パターンの変化

　構文パターンとは動詞をどのように使うかということである。つまり，構文パターンが変化しているということは，動詞の使い方が多様化しているということになる。例えば，知覚動詞と共によく使われる原形不定詞を使った構文パターンが，知覚にかかわる他の動詞で使われるようになってきているという現象がある。知覚動詞以外にも，用法の広がりを見せる動詞もある。ここではそのような動詞を扱う。

1.1 知覚動詞の広がり

ここでは知覚動詞でよく使われる構文が拡大化傾向にあるということを見ていくが,その前に知覚動詞の定義を明確にしておきたい。

知覚動詞(verb of perception)とは身体的な知覚作用に関係ある動詞をいい,元来,動作主の意志とは無関係に知覚作用に関係がある動詞を指した。例えば see（見える）や hear（聞こえる）は意志に関係ない身体的知覚作用である。つまり,知覚動詞である。一方,look at（見る）や listen to（聞く）は動作主の自発的意志行為である。つまり,本来の意味での知覚動詞ではない。しかし,ここではこのような動作主の意志を表す動詞も,知覚に関する動詞であれば,知覚動詞として扱う。以下,知覚動詞及び知覚動詞に準ずる動詞の構文パターンの広がりを見ていく。

1.1.1 「SVO＋原形不定詞／現在分詞」構文の広がり

知覚動詞の代表的なものは see, hear の他に feel（感じる）がある。使用表現を示しておく。この3つの動詞は以下の3つの型をとる知覚動詞である。

(A)「知覚動詞＋目的語＋原形不定詞」の型
　I *saw him swim.*（私は彼が泳ぐのを見た）
　I *heard him sing.*（私は彼が歌うのが聞こえた）
　I *felt* the *house shake.*（私は家が揺れるのを感じた）
(B)「知覚動詞＋目的語＋現在分詞」の型

I *saw him swimming.*（私は彼が泳いでいるのを見た）
　　I *heard him singing.*
　　（私は彼が歌っているのが聞こえた）
　　I *felt* the *house shaking.*
　　（私は家が揺れているのを感じた）
（C）「知覚動詞＋目的語＋過去分詞」の型
　　I *saw him knocked* down.
　　（私は彼がノックダウンさせられるのを見た）
　　I *heard him called.*（私は彼が呼ばれるのが聞こえた）
　　I *felt myself lifted* up.
　　（私は自分の身体が持ち上げられるのを感じた）

　上のそれぞれの動詞は「視覚」「聴覚」「触覚」を表すが，他に知覚動詞には「味覚」「嗅覚」に関する動詞がある。英語では taste, smell である。しかし，taste には上の（A），（B），（C）の用法はない。ただ smell に（B）の用法があるだけである。

（B）「知覚動詞＋目的語＋現在分詞」の型
　　I *smell* the *carpet burning.*
　　（私にはカーペットが焦げている匂いがする）

　このように知覚動詞とは動作主の五感を表現する動詞である。
　次に動作主の意志を表す知覚動詞を見ていきたい。look at と listen to は（A）の型の表現をとる。

第1章　拡大化・多様化に向かう変化　　5

I *looked at him swim*.（私は彼が泳ぐのを見た）
I *listened to him sing* a song.（私は彼が歌を歌うのを聞いた）

　両者はアメリカ英語表現で，意志動詞でありながら see や hear と同様に知覚動詞の用法が生じている。意志に関係なく動作主の五感に訴える点で知覚動詞という考え方である。今日ではイギリス英語でも使用されるようになっている。
　上の look at と listen to は（B）の型もとる。

I *looked at him swimming*.（私は彼が泳いでいるのを見た）
I *listened to him singing* a song.
（私は彼が歌を歌っているのを聞いた）

　これらの例では，swimming や singing を動名詞ととり，him は動名詞の意味上の主語と考える分析も可能かもしれない。しかし，上の I looked at him swim. や I listened to him sing a song. のように原形不定詞を取る文が許容されるのであれば，ここでの swimming や singing は分詞と見ることもできるだろう。
　ただし，look at と listen to は see や hear と異なり，（C）の型はとらない。将来は see や hear と同様にこの型をとる可能性は否定できないが，少なくとも現在の英語ではこの型は見当たらない。
　さらに，前者の変形として look at の代わりに get a look at という Basic English の表現があるが，これにも「知覚動

詞＋目的語＋現在分詞」の構文が使われている例が見られる。

> While there, we reacquaint ourselves with friends in the fashion industry and *get a look at* the new men's *clothing coming* in the fall of 2008.（*Esquire*）
> （そこに滞在していると，我々はファッション業界の仲間と再び知り合いになり，新たな紳士衣料品が2008年の秋に到来しつつあるのが見える）

なお，Basic English とはイギリスの言語学者オグデン（Charles K. Ogden）が国際補助語として考案したもので，get a look at に関していうと，look という動詞を使用せずに operator《操作語》なる基本動詞 get を使い，look を名詞扱いにして，さらに，directive《指示語》という前置詞 at と組み合わせたものとされる。

また，知覚動詞とは言いにくいかもしれないが，find（見つける）と know（知る）の両者も (A)，(B) の型をとる。両者は英語が属する西ゲルマン語に共通の特徴で，その名残ともいえる。つまり，西ゲルマン語の代表であるドイツ語では find と know に相当する finden と kennen は原形不定詞と結合する性質を持つ。

I *found him sit.*（私は彼が座るのを見た）
　◆文語表現で今日ではあまり使わない。
I *found him sitting.*

（私は彼が座っているのを見た）

I *have* never *known* this *gun miss* fire. (Charles Dickens)
（私はこの鉄砲が不発だったのをけして知らない）

◆主にイギリス英語で、ふつうは原形不定詞 miss の代わりに to miss を使う。

I *have* never *known her behaving* like that.
（私は彼女があのようにふるまっているのをけして知らない）

　さらに、意志動詞で知覚の意味合いを多少なりとも持つ他の動詞が（A）の型及び（B）の型の表現をとる場合も多い。次がその動詞例である。

notice（気づく），observe（観察する），perceive（知覚する），sense（感知する），watch（見守る）など

　しかし、上の両者の文型をとる動詞は元来ドイツ語等に由来する西ゲルマン語独特の特徴であった。つまり、英語が誕生した時点で存在した動詞である。しかし、上にあげた5個の動詞のうち古期英語（Old English＝700－1100年頃の英語）の時代、つまり、英語誕生から存在したのは watch のみで、残りの4個は中期英語（Middle English＝1100－1500年頃の英語）の時代にフランス語から英語化した。watch が（A），（B）の文型をとるようになったのは *The Oxford English Dictionary*（以後 *OED* と略記する）によると19世紀半ばで

ある。フランス語に由来する他の4語の知覚動詞用法は*OED*に掲載されていない。これらの動詞が（A），（B）の文型をとるようになったのは1933年の *OED* 発行以後の比較的新しい時期だと推察できる。

　今，例としてsenseを2つあげる。それぞれ（A），（B）の例文である。

I could *sense* the *change come.*
（私は変革が近づくのを感じた）
◆I could sense the change to come. の表現もある。つまり，知覚動詞化が現在進行している過程にあるといえる。

I could *sense* the *change coming.*（Hillary Clinton）
（私は変革が近づきつつあるのを感じた）

（B）の文型の表現は今後ますます増える可能性がある。例えば，上にあげた

　I could *sense* the *change coming.*

の文型表現は日本では掲載されてない辞書もある。一般にイギリス系の辞書は掲載していない。A S Hornby の *Oxford Advanced Learner's Dictionary of Current English*（以後 *OALD* と略記する）も掲載していない。

　動詞 catch はイギリス系の辞書でも（B）の文型を認めている。*OALD* には次の例文がある。

第1章　拡大化・多様化に向かう変化　　9

I *caught* the *boys stealing* apples from my garden.
（私は子供達が私の庭からリンゴを盗んでいるのを見た）

　本来 catch は「捕まえる」の意味では知覚動詞ではないが「目で捕まえる」つまり「見る」という意味の時には知覚動詞になる。この表現は一般化している。
　また「catch＋目的語＋現在分詞」の型が自明のことと考えられて現在分詞が省略される例も発生する。

They *caught him* about to break into a house.
(*The Guardian Weekly*)
（彼らは彼がまさにある家に侵入しようとしているのを見た）

　上の例文は

They *caught him being* about to break into a house.

のはずである。補語である being が欠落して about to break で目的補語になっている。
　さらに一歩前進して「catch＋目的語＋現在分詞」の代わりに「catch sight of＋目的語＋現在分詞」という Basic English 流の型も次の例文のように可。

They *caught sight of him breaking* into a house.

(彼らは彼がある家に侵入しているのを見た)

次も同様に動詞本来の意味が転じて知覚動詞扱いになる例である。

When Berry Gordy first came and saw this house and *envisaged* this *garage being* a studio ... God, that's half a century. (*The Guardian Weekly*)
(ベリー・ゴーディーが初めてやってきてこの家を見て，このガレージがスタジオになっているのを想像した時，…ああ，それから半世紀だ)
If you can *picture* a *stalker giving* the same quote, maybe it's time to think again. (*Time*)
(もし君はストーカーが同じ考え方をしていると想像できるなら，再考する時かもしれない)

前者の動詞 envisage は「考察する」「予想する」の意味であり19世紀初めにフランス語から英語に入った。当時は「envisage＋目的語＋現在分詞」の型はとらなかった。しかし「心に描く」の意味になり「心で見る」の意味に転化すると知覚動詞扱いされるようになった。後者の動詞 picture はラテン語由来で「絵を描く」の意味であり，15世紀の終わりに英語化された。しかし「心で見る」の意味に転化したのは18世紀初めであるから「picture＋目的語＋現在分詞」の型をとったのは比較的新しいと考えられる。少なくても *OED*

には見当たらない。
　次の例文は比較的近年になり知覚動詞扱いされた例である。

'We'd better put the Cloak on here, and make sure it covers all three of us — if Filch *spots one* of our feet *wandering* along on its own — ' (*Harry Potter*)
（我々はマントをここで着るほうがいい，そして，そのマントが我々3人全員を覆うことを確認するといい—もしもフィルチが我々の足の片方が勝手にぶらついているのを見たなら—）

　上の例文で，本来 spot は「点」の意味から転じた動詞で「斑点をつける」「点々と配置する」の意味で知覚動詞ではない。因みに spot が名詞として使用された最古の年代は *OED* によれば1300年以前である。動詞として使用された最古の年代は *OED* によると初例は1412年である。しかし，意味が転じて「点をみつける」「見抜く」の意味になると初例は1860年で，初めて知覚動詞として扱われるようになり，現在分詞を伴う（B）の文型をとることが可能になった。この例文はイギリス英語ではあるが，*OALD* は認めていない。知覚動詞としての用法は正式表現とされず略式表現とされている。この用法が長い間続けばやがては正式表現になるであろう。
　このようにふつうの動詞から意味が転じて知覚動詞として扱われ，とることのできる文型に広がりをもつ可能性は常に残されている。例をあげれば「detect＋目的語＋現在分詞」

(…が…しているのを発見する)、「discover＋目的語＋現在分詞」（…が…しているのを見つける）などである。

discoverに関して*OALD*はこの用法を認めていないが、*OED*は認め次の例文を掲載している。

Day was almost over, When through the fading light, I could *discover* A *ship approaching.*（Percy B. Shelly）
（昼は終わろうしていた、そのとき、消え行く明かりを通して、船が近づいてくるのが私には見えた）

◆WhenのWとA shipの不定冠詞は原文で大文字となっているので、そのまま掲載した。

次の文も「view＋目的語＋原形不定詞」（…が…するのを見る）の新しい文型の出現でviewは（B）、（C）型の知覚動詞に変わり得る可能性をもっている。

I felt as if I was *viewing* a *miracle unfold.*
(*Reader's Digest*)
（私はあたかも奇跡が展開しているのを見ているように感じた）

このように今日ではふつうの動詞でありながら、将来は4～5ページで紹介した（A）、（B）、（C）の文型を全てとる知覚動詞に変わり得る動詞は他にもあるかもしれない。例えば、以下の動詞などは知覚動詞化の可能性がある。

gaze at（…をじろじろ見る）
note（…に注目する）
peer at（…をじっと見る）
stare at（…をじっと見る）
study（…を注意深く観察する）

　このように，代表的な知覚動詞である see, hear, feel で使われる「知覚動詞＋目的語＋原形不定詞」，「知覚動詞＋目的語＋現在分詞」の型が動作主の意志を表す動詞にも使われ，使用可能な構文は拡大化しつつある。ただし，現状では「知覚動詞＋目的語＋過去分詞」の型はあまり広がりが見られないものの，将来この型をとる知覚動詞が増えてくる可能性は否定できない。

1.1.2　「…のように見える／思える」を表す動詞の語法の変化

　3つの動詞 look, appear, seem の意味を明確にしよう。いずれも広い意味での知覚動詞と考えていい。なぜなら3者とも「視覚」に関する語であるゆえ。

　動詞 look, appear, seem は「…のように見える」という意味でほとんど同じ意味に使用されるが，厳密に定義すると look は「外見上…のように見える」の意味。appear は「客観的事実に基づいて…のように見えるが，時にはそうでないかもしれない」のニュアンスを持つ語義。seem は「客観的事実や主観的判断により…のように見える」の意味。

　さらに視覚以外に目を向けると，動詞 feel は「触覚」に

関する語で,「…と肌で感じる」の意味から転じて「…のような気がする」の語義を持つ。動詞 sound は「聴覚」に関する語で,「…の響きがある」の意味から転じて「…のように聞こえる」の語義を持つ。

　以上5者に共通の表現に触れる。どの動詞も「like + 名詞」を後にとることができる。

「look like + 名詞」(…のように見える)
「appear like + 名詞」(…のように見える)
「seem like + 名詞」(…のように見える)
「feel like + 名詞」(…のように感じる)
「sound like + 名詞」(…のように聞こえる)

以下,それぞれについて例文をあげる。

He *looks like* a rich *man.* (彼は金持ちのように見える)
◆like を省くのはイギリス英語。
Costly state-by-state elections to determine presidential nominees can *appear like* charming *overkill*, as if the U.S. is trying too hard to show the world what democracy should really look like. (*Time*)
(大統領候補者の指名を決定する州毎の金のかかる選挙は,魅力はあるがゆき過ぎであるように見えてしまう,あたかも合衆国が民主主義とは実際何なのかを世界にいかに努力して見せようとも難しいかのごとく)

第1章　拡大化・多様化に向かう変化

◆「appear like＋名詞」は非標準ともいわれるが，この例から理解できるように完全に標準化されていると考えていいかもしれない。

I suppose — that hut of Hagrid's must *seem like* a *palace* compared to what your family's used to. (*Harry Potter*)
(私は思うが，ハグリッドの小屋は君の家族が親しんできたものと比較したら宮殿のように見えるに違いない)

◆「seem like＋名詞」はアメリカ英語の略式といわれるがイギリス英語にも入っている。

I *feel like going* there. (私はそこへ行きたい気がする)

◆「feel like ～ing」は元来はアメリカ英語とされるが，今日ではイギリス英語でもふつう。

It *sounded* a bit *like* an *owl*. (*Harry Potter*)
(それは少しフクロウのように聞こえた)

◆「sound like＋名詞」はアメリカ英語の略式といわれるがイギリス英語にも入っている。

さらに，feel を除く4者，look, appear, seem, sound に関する基本的な表現を述べる。すなわち，非人称のit (非人称のit ではないという考え方もあるが，ここでは非人称のit と考える) を主語にする表現は次の通り。

It seems that he is ill. (彼は病気のように見える)
It appears that he is ill. (彼は病気のように見える)
It sounds that he is ill. (彼は病気のように思える)

しかし，look にはこの表現はない。代わりに次の表現を使う。

It looks like he is ill.（彼は病気のように見える）

元来「look like + 節」の型はアメリカ英語であったが，今日ではイギリス英語でも一般化している。Oxford Practical English Dictionary（以降 *OPED* と略記する）にも次の例文がある。

The room *looks*（to me）*like it needs a coat of paint.*
（部屋は＜私には＞ペンキ塗りが必要に見える）

さらに，上の seem と sound の例文は that の代わりに like を使うこともできる。

It seems like he is ill.（彼は病気のように見える）
It sounds like he is ill.（彼は病気のように見える）

また feel は先に述べた「feel like + 名詞」の他に「feel + that 節」，「feel like + 節」の型をアメリカ英語でもイギリス英語でもとることができる。

I *feel that he is hiding something.*
（私は彼が何かを隠していると感じる）

I felt like I was travelling through the remains of a great, glorious past.（*Reader's Digest*）
（私は偉大な，輝かしい過去の遺跡を旅行している気がした）

「feel like + 節」はアメリカ英語の口語であるが，イギリス英語の *OPED* に次の例文がある。

I feel like I'm going to throw up.（私は吐きたい気がする）

さらに look, appear, seem, feel, sound に共通の特徴を示しておく。いずれも後ろに「as if〔though〕節」の型をとることが可能である。以下の英文は前にあげたものだが，この型の例としてもあてはまる。

I felt as if I was viewing a miracle unfold.（*Reader's Digest*）
（私はあたかも自分が奇跡が展開するのを見ているように感じた）

さらに look と seem は「likely + to 不定詞」と「likely + that 節」を後に続けることが可能である。これは当然「be likely + to 不定詞」と「be likely + that 節」の be を be 動詞に準ずる動詞 look と seem に代えただけである。この表現も日本の一部の辞書にはあるが，一般には掲載されてない。1例ずつ例示する。なお，2つ目の英文の「seem unlikely

+ that 節」は当然「seem likely + that 節」に準ずる。

> Another Indian company, Tata Motors, *looks likely to add* to the list soon, by buying two grand old names of British carmaking, Jaguar and Land Rover, from America's enfeebled Ford.（*The Economist*）
> （もう1つのインドの会社であるタタ自動車は近い将来，イギリスの2つの巨大な伝統ある自動車メーカーのジャガーとランドローバーをアメリカの弱体化したフォード社から買収して製品リストに多分加えるようである）
> Yet it *seems* increasingly *unlikely that Erdogan and the AKP would ever hop off that old European streetcar.*
> （*Newsweek*）
> （しかし，エルドガンとAKPは例のヨーロッパの古い市街電車から飛び降りるつもりはますますなさそうに見える）
> ◆「エルドガン」はトルコの首相 Recep Tayyip Erdogan のこと。AKPはトルコ与党の Justice and Development Party（正義と発展の党）のこと。「市街電車」とはエルドガンが「民主主義をヨーロッパの市街電車」に例えた描写で，トルコはヨーロッパ型の民主主義から脱却しないことをいっている。

この表現は，読者を知識人対象にしているイギリスの経済誌 *The Economist* とアメリカのニュース誌 *Newsweek* の両者に使用されているゆえ，極めて一般的な表現といえる。そ

して将来ますます一般化するであろう。

最後に1.1.2で触れてきた動詞 look, appear, seem, sound, feel について，使用可，使用不可の構文を表にまとめておく。

	look	appear	seem	sound	feel
動詞 + like + 名詞	○	○	○	○	○
動詞 + as if〔though〕節	○	○	○	○	○
動詞 + likely to do	○	×	○	×	×
動詞 + like 節	○	×	○	○	○
It + 動詞 + that 節	○	○	○	○	×
動詞 + that 節	×	×	×	×	○

このように look, appear, seem, sound, feel はさまざまな構文で使えたり，使えなかったり，まだばらつきがあるが，現在はまだ使えない構文も，動詞がお互いに影響し合うことで，上の表で×になっているところが○になってくるなど，将来的に語法が広がる可能性があるかもしれない。

1.2 「AをBと考える」を表す動詞の語法の変化

「AをBと考える」の表現を英語にすると次のものがある。

look on A as B
regard A as B
see A as B

think of A as B
view A as B
account A B
consider A B
deem A B

上の例を見ると account A B, consider A B, deem A B は A と B の間に as がない分，他に比べて特別に見える。今，代表的な consider A B を例文で示す。

We *consider him* a good *man.*
（我々は彼をいい人だと考えている）

ただし，受動態になると「be considered as 〜」のように前置詞 as が挿入されることが多いという。つまり，前半の look on, regard, see, think of, view の 5 つの動詞の語法に影響されたと考えられる。最近では能動態でも前半 5 例から類推されて

consider A <u>as</u> B

の表現が一般的になりつつある。

Japan's universities have fallen on hard times, their reputations so dented that many ambitious students no

longer *consider them* even *as* a last *resort*. (*Time*)
(日本の大学は落ちぶれてしまった，そしてその評判は非常に悪くなり，望みを抱く多くの学生達はもはや大学を最後の頼みの綱とは考えない)

　アメリカの英語では「consider A as B」は現実の文で使用され，辞書でも当然認知されているが，イギリスの辞書では記載されていないのがふつう。2000年発行の *The Times English Dictionary*（以降 *TED* と略記する）や2006年発行の *Longman Exams Dictionary*（以降 *LED* と略記する）にも記載されていない。
　しかし，今日の英語の流れからして，イギリス英語でも「consider A as B」の表現はいずれ一般化するであろう。いやイギリス英語でも既に一般化していると考えていい。

Consider it as war *reparations*. (*The Economist*)
(それを戦争の賠償金と考えよ)

　まだ辞書には掲載されていないが，辞書は現実の英語より早くても数年は遅れるので，今後，記載される可能性はある。
　次に deem A B に関してイギリス英語を見ていこう。

Much of the Pushtun belt in the south and east, where the insurgency is most intense, *is deemed* too *dangerous* for humanitarian workers. (*The Economist*)

（パシュトゥン人の住むアフガニスタンの南部及び東部地帯の多くは反政府軍の勢いが最も強い場所であるが，人道主義活動を行っている人達にとって非常に危険であると考えられている）

上の文のようにイギリス英語ではdeem Ａ Ｂが受動態になっても「A is deemed as B」を認めない。イギリスの辞書 *LED*，*OALD* は共に認めない。アメリカの辞書 *Collins Cobuild Advanced Dictionary of American English*（以降 *CCADAE* と略記する）も共に認めない。しかし *The American Heritage Dictionary of The English Language*（以降 *AHD* と略記する）では認め，次の例文を掲載している。

The *measure was deemed as unnecessary.*
（その方策は不必要とみなされた）

ただし *AHD* には但し書きがあり，書き言葉では認知されないとある。上の記述ではaccount Ａ Ｂに触れなかったが，*AHD* の但し書きは account，consider，deem の３者に共通の性質とある。

いずれにせよ以上のことから account，consider，deem の３者も近い将来，look on, regard, see, think of, view と同じような形で使用されるようになると予想できる。何しろイギリスの知識階級向けの雑誌 *The Economist* が認めているの

だから。

　このように目的語と補語の間に as を挿入する方法は何故生じたのであろうか。上の表現の他に「A を B と考える」の表現には count A (as) B, reckon A (as) B がある。前置詞 as はあってもなくてもいい。これらの用法の類推によるものであろう。

　以上から「A を B と考える」意味の表現には as が挿入される, いわば画一的表現に統一される方向にある。その意味で A as B の形が拡大化しているといえるだろう。

1.3　SVOO 構文が使える動詞の広がり

　コンピューター用語の E-mail（電子メール）が出現してから久しい。今日では email, e-mail, Email, E-mail の 4 通りの表示方法が可能である。語源は electronic mail であり, 最初は名詞であった。しかし, すぐに動詞としても機能するようになった。しかも mail と同じように「目的語＋目的語」の文型をとるようになった。mail は主にアメリカ英語であり, イギリス英語では主に post であるが, 両者共に「目的語＋目的語」の文型をとる。これにならい, e-mail でも次の文型が出現している。

　I'll *e-mail him* the *file*.
　（私は彼にそのファイルを E メールで送る）

　比較的新しい SVOO 構文の成立である。

次の例も「目的語＋目的語」の文型が拡大された例であるが，珍しい。

Ask most rock stars to pitch in for the environment, and they might *pen you* a pop *tune*. (*Time*)
（ほとんどのロックスターに環境のために何かをして欲しいと頼んでみなさい，そうすれば彼らは皆さんにポップスの曲を書いてくれるかもしれない）

　英文の後半の動詞 pen は「書く」の意味である。しかし，どの辞書にも「目的語＋目的語」の文型についての記述はない，つまり，新しい文型表現である。しかし pen が make あるいは write の同義語であることを知れば「目的語＋目的語」の文型が成立すると納得するであろう。

1.4 「SVO＋to 不定詞」構文の広がり
　動詞 convince は次の例文のように「目的語＋of＋目的語」か「目的語＋that 節」が後に続く型が基本である。

I *convinced her of* his *sincerity*.
（私は彼女に彼の誠実さを確信させた）
I *convinced her that he was sincere*.
（私は彼女に彼は誠実であると確信させた）

　参考までに述べるが，後者の文型は「目的語＋that 節」と

第 1 章　拡大化・多様化に向かう変化　　25

言われ,「目的語＋目的語」の文型ではない。なぜなら,動詞 convince は「con（完全に）＋vince（征服する）」から成り立つラテン語由来の動詞である。二重目的語をとる動詞は原則として古期英語に存在したゲルマン語由来の動詞である。従って,上の例において,後者の文は前者の文との融合形である

I *convinced her of it* that he was sincere.

の of it の省略であるとされている。当然 it は形式目的語で真の目的語は that 節である。
　しかし,次のような用法もある。

Only the Dalai Lama has the standing among Tibetans to *convince them to give* up their hope for independence.
(*Time*)
（ダライラマだけはチベット人の間で彼らに独立の希望を捨てるよう納得させるような態度をとっていた）

　この文における「目的語＋to 不定詞」はアメリカ英語独特とされている。イギリス系の辞書では扱いが多様である。*OALD* には見当たらない。*TED* では Chiefly U.S.（主にアメリカ用法）と記述している。*LED* ではこの用法を認め

I've been trying to convince Jean to come with me.

（私はジーンに一緒に来るように納得させようとしていた）

の例文をあげている。つまり，イギリス英語でもこの用法を認める方向にある。

convince とほぼ同じ用法をもつ動詞に assure がある。この assure にも convince と同様に「目的語＋to 不定詞」の型がある。以下は *Shorter Oxford English Dictionary*（以降 *SOED* と略記する）からの引用。

C. MARLOWE And with my proper blood *Assure* my *soul to be* great Lucifers.
（C マーローそして私の正統な血統に関してわたしの魂が偉大な魔王であることを保証してください）

このように「SVO＋to 不定詞」の構文を使うことのできる動詞は増えてきており，構文パターンの広がりのひとつの証左といえよう。

❷ 助動詞類・不定詞の語法の変化

このパートでは助動詞類や不定詞に見られる語法の変化について触れる。なお，ここでいう「助動詞類」とは後ろに動詞の原形を伴い，ひとまとまりで助動詞の役割をはたす語句などのことを指す。

2.1 「cannot help but＋動詞の原形」の一般化

「cannot help but＋動詞の原形」（…せざるを得ない）の型は，かつては俗語扱いであった。なぜなら「cannot help but＋動詞の原形」の型は「cannot help＋〜ing」と「cannot but＋動詞の原形」の混成形だからである。著者が学生の頃には使用すべきではないといわれたほどである。「cannot but＋動詞の原形」は「…せざるを得ない」の意味であり，文章語で用いられるのが一般的である。「cannot help＋〜ing」のhelpが「避ける」意味の時は目的語に動名詞しかとり得ないから「cannot help＋〜ing」は当然の形である。その混成形の「cannot help but＋動詞の原形」は次第に頻繁に使用されるようになり，俗語からアメリカ英語の口語で使われるようになった。

Everyone in the school *can't help but ogle* him. (*Newsweek*)
(学校の誰もが彼に媚を売らざるを得なかった)
I *can't help but recall* a promise that a dark-horse hopeful from Tennessee made to me five campaigns back.

(*Time*)

(私は今から5回前の選挙活動の際にテネシー州のダークホース的存在の候補者が私にした約束を思い出さざるを得なかった)
We are shaped by every language and culture, drawn from every end of this Earth: and because we have tasted the bitter swill of civil war and segregation, and emerged

from that dark chapter stronger and more united, we *cannot help but believe* that the old hatreds shall someday pass: that the lines of tribe shall soon dissolve: that as the world grows smaller, our common humanity shall reveal itself: and that America must play its role in ushering in a new era of peace.（Barack Obama）
（我々はこの地球という惑星の隅々から引き出されたあらゆる言葉と文化から成っている，そして内戦と人種差別の苦い経験をしたがゆえに，さらにその暗い歴史の一章から抜け出してより強く，より結束したがゆえに，我々は信じざるを得ない，過去の憎しみがいつの日にか過ぎ去ることを，種族的な境界がほどなく消えさることを，世界が小さくなるにつれて共通の人間性が姿を現すことを，そしてアメリカが新しい平和の時代を導く役割をはたさなくてはならないことを）
◆2009年1月20日のアメリカ大統領就任演説より引用。

　上の例から理解できるように，今日では「cannot help but＋動詞の原形」はアメリカでは，もはや口語でもなくふつうの英語表現として使用されている。いや，むしろ「cannot help＋～ing」や「cannot but＋動詞の原形」の形より一般的かもしれない。*Time* や *Newsweek* の場合には全体の8割くらい使用されている感じである。何しろ格調高いといわれる大統領就任演説で使われている表現であるから。

　しかし，「cannot help but＋動詞の原形」の表現は，イギ

リス系の辞書では1964年発行の *The Concise Oxford Dictionary of Current English Fifth Edition*（以降 *COD* と略記する）には掲載されていない。1974年発行の *OALD* にも掲載されていない。今日では *TED* や *LED* にはある。つまり、アメリカ英語でもイギリス英語でもこの表現は認知されたと考えられる。イギリス英語の例をあげる。

I saw it with Michael Gambon as the sergeant and *could not help but admire* Pinter. (*The Guardian Weekly*)
（私はマイケル・ガンボンと共にそれを軍曹として考えてみた。するとピンターを賞賛せざるを得なかった）

以上のように、「cannot help but＋動詞の原形」の型が「cannot help＋〜ing」と「cannot but＋動詞の原形」の形から生まれたという事実は拡大化の例といえよう。

2.2 had better から had best へ

慣用的な「had better＋動詞の原形」（…するのがいい）は主にイギリス英語の略式用法と考える向きもあるが、*CCADAE* に次の既述があるからイギリス英語とアメリカ英語共に一般化されていると考えていい。

You use **had better** or **'d better** when you are advising, warning, or threatening someone, or expressing an opinion about what should happen.

（had better や 'd better は誰かに忠告，警告，脅しをする時や，起こるだろうと思われることについて意見を表明する時に使用する）

さらに次の説明がある。

In spoken English, people sometimes use **better** without 'had' or 'be' before it. It has the same meaning.
（話し言葉では時にその前に had や be なしに better を使うことがある。意味は同じである）

そして，それぞれ次の例文をあげている。

It's half past two. I think we had better go home.
（2時過ぎた。家に帰ったほうがいいと思うよ）
Better not say too much aloud.
（あまり大声で言わないほうがいい）

しかし「had better＋動詞の原形」の型があるのなら，それが拡大化されて，「had best＋動詞の原形」（「…するのが最もいい」「…するのが当然である」）があってもよさそうだ。辞書にも掲載されている。ただし，アメリカ系の辞書には掲載されていない。*CCADAE* も載せていない。アメリカ英語では「would best＋動詞の原形」の型を使う。そして「had better＋動詞の原形」から「better＋動詞の原形」が発生す

るなら，その応用形である「best＋動詞の原形」が生じるのも当然であろう。

次の引用はその例。

Don't stop and don't be scared you'll crash into it, that's important. *Best do* it at a bit of a run if you're nervous.
(*Harry Potter*)
(止まるな，そしてそれに突進するのを怖がらないことが大切だ。気になるなら，少し駆け足でやるのが最もいい)
The only ribbed items a man should wear are socks and condoms, and he *best* not *confuse* the two. (*Esquire*)
(男が身につけるべきうね織りの品目はソックスとコンドームだけである，そして彼は両者を混同しないようにするのは当然だ)

前者はイギリス英語，後者はアメリカ英語。アメリカ系の辞書に掲載されていない用例が後者のように現実の英語で既に起きている。つまり，had best が既にアメリカ英語に入っている証拠である。今後さらに使われていくことも考えられる。結局のところ，辞書の編集には時間がかかるということである。現実の言語は辞書作成のスピードより遥かに速い。

2.3 広がる dare の用法

「don't dare＋動詞の原形」(…したら絶対だめだ)は本来あり得ない型の英語のはずである。次の文を見てみよう。

示す。

I don't want *to always work*.
（私は常に働いていたいとは思わない）

副詞 always の位置は助動詞あるいは be 動詞がある時はその後，しかし，助動詞あるいは be 動詞を強調する時はその前に置く。一般動詞の時はその前が原則。原則に従うと前にあげた例文には違和感がある。
しかし，次の文

She advised me *to carefully write* a letter to her parents.
（彼女は両親に私が注意深く手紙を書くように忠告した）

において

She advised me to write a letter to her parents *carefully*.

では副詞 carefully は advised を修飾し「注意深く忠告した」のか to write を修飾し「注意深く書くように忠告した」のか判別不可能。分裂不定詞を使えば一目瞭然で「注意深く書くように」の意味になる。
このように分裂不定詞は，イギリス英語でもアメリカ英語においても最近極めて一般的になっている。

We will begin *to responsibly leave* Iraq to its people.

(Barack Obama)

(我々は責任ある形でイラクをイラク人に委ねることを開始する)

◆2009年1月20日のオバマ大統領就任演説から引用。

But he seemed *to really hate* me. (*Harry Potter*)

(しかし，彼は私を心底憎んでいるように見えた)

Breaking this cycle requires the Japanese *to more accurately portray* the country's militaristic past in school textbooks and to do some imaginative thinking about new ways *to properly honor* the nation's war dead.

(*BusinessWeek*)

(この循環を打ち破るには日本は学校の教科書で日本軍の過去をより正確に描写して，自国の戦争での犠牲者に適切な名誉を与えるための新たな方法について創造的思考をすることが要求されている)

Its software allows architects and engineers *to not only design* a building in three dimensions, but to analyze and predict to expected energy costs — heating, lighting, air-conditioning — so as to maximize efficiency. (*Fortune*)

(そのソフトのお陰で建築家や技師は三次元のビルを設計できるだけでなく，効率を最大にするために予想されるエネルギーコスト—暖房費，光熱費，エアコン代—まで分析，予想ができる)

第3例, 第4例では分裂不定詞の間には単なる副詞でなく, 副詞の比較級, 相関語句の一部まで挿入されている。もはや分裂不定詞の用法は避けるどころか, むしろ奨励されている感さえある。

　さらに, 不定詞の間に否定の副詞が入る例も多い。以下の否定語は副詞であるから分裂不定詞であることに問題はない。

Then he went and got the commanders *to not fight*, which saved American lives. (*Time*)
(それから彼は出かけていって司令官に戦わないようにさせた, それがアメリカ人の生命を救った)
Mukhtar decided *to not stay* with a man she did not love.
(*Reader's Digest*)
(ムクタールは自分が好きでない男とは一緒にいないことを決めた)
After vowing *to never again write* about Lestat, this best seller reveals she has one more vampire novel in her.
(*Time*)
(レスタットについて再びけして書かないと誓った後, このベストセラー作家は自分の中にもうひとつの吸血鬼の話があることを暴露した)

　第1, 第2の例は不定詞の否定例, 第3の例は不定詞の否定の強調例である。しかし, ふつうは不定詞の否定はtoの前でする。つまり, not to fight, not to stay, never again to write であるべき。しかし「主語の意図的否定行為あるいは主語の積極的否定行為」(『ジーニアス英和辞典・第4版』(大修館書店) not の項参照) を示す場合に否定は分裂不定詞になっても構わない。

このように分裂不定詞は既に標準化していると考えられる。そして将来も続くものと予想される。

❸ 主語・目的語についての変化

英語の主語・目的語は文を構成する大切な要素である。それぞれが動詞と結合すれば文になる。最も単純な文は「主語＋自動詞」からなる。「主語＋自動詞＋補語」,「主語＋他動詞＋目的語」,「主語＋他動詞＋目的語＋目的語」,「主語＋他動詞＋目的語＋補語」の5つの型で英語の文はほとんど完成する。いわゆる学校文法でいうところの5文型である。以下, 主語, 目的語の特徴を検討する。

3.1　主語は名詞でなければならないか

主語とは文の主体になるものをいう。すなわち「動作や状態の主体になる語」のことである。主語になる品詞は一般に名詞あるいは名詞に準ずるもの, 例えば, 代名詞・不定詞・動名詞などの他, 名詞句や名詞節である。

しかし, そのルールからはずれた例も見られる。次の文を見てみよう。

Bush dismissed that notion on Wednesday, saying: "*Just because somebody doesn't agree with our policy*, doesn't mean that we can't continue to have very positive relationships."（Reuters 電）
（ブッシュは水曜日にその考えを退けて言った。「ただ誰かが我々の政策に賛同しないからといって，我々は前向きな関係を維持できないわけではない」）

　上の文はイギリスの通信社である「ロイターズ」社の記事であり，アメリカのブッシュ大統領の言葉を直接引用して彼の英語を皮肉っているところがある。つまり，ブッシュ大統領の英語は標準英語を逸脱していると言っているようでもある。ブッシュ大統領の発言の方に注目してみよう。

Just because somebody doesn't agree with our policy, doesn't mean that we can't continue to have very positive relationships.

　この文で主語は just because somebody doesn't agree with our policy になる。「ただ誰か我々の政策に賛同しないからという理由で」の意味になり名詞節でなく副詞節のように見えるが主語として機能している。
　しかし，この種の主語は今日の英語では容認されつつある。なぜか。次の例を見てみよう。

The reason why he is late is *that his bus was out of order on the way.*
（彼が遅刻した理由はバスが途中で故障したからだ）

この文で，that 以下の節は名詞節である。しかし，略式英語では that を because に換えて

The reason why he is late is *because his bus was out of order on the way.*

も許される。つまり，because his bus was out of order on the way の節が上の文の that 以下の名詞節に準ずると解釈される。ただし，条件として the reason と呼応する必要がある。

この事実がさらに一歩進んで「just because 〜」が主語節に使用されることが略式英語で許されている。

以上の理由から，前述のブッシュの発言

Just because somebody doesn't agree with our policy, doesn't mean that we can't continue to have very positive relationships.

の just because somebody doesn't agree with our policy は主語扱いされる。ただし，ふつうコンマは不要である。同じ例をもう2つあげる。

Just because this happened to me doesn't mean I don't have the same goal.（*Esquire*）
（これがわが身にたまたま起きたからといって私は同じ目標を持っているというわけではない）
But *simply because something has always been done a certain way* does not mean that it must remain that way.
（*Newsweek*）
（何かが常にある方法でなされるからといってそれがその方法でなければならないというわけではない）

両者共に話し言葉である。しかし，将来は書き言葉にも浸透し，結果的に一般的な表現にならないという保証はない。
次は副詞句が主語になる例である。

"When would you need the information?"
"Oh, *by the end of the week* is fine."
（*Educational Testing Service*）
（「その情報はいつ必要ですか」「今週末まででいいです」）

本引用例では by the end of the week の「時」を表す副詞句が主語になっている。このように副詞節や副詞句が主語になる傾向は英語に本来備わっていたのであろうか。答えはイエスである。かつての英語では，主語になる品詞の領域は今日より遥かに広かった。

Better *bend* than *break*.
（折れるより曲がるほうがいい＝柳に雪折れなし）
Better *stay* than *go* astray.
（道に迷うより現状のままがいい＝骨折り損のくたびれもうけ）

以上2例は英語の諺である。これを完全な文でそれぞれ表現すると

Bend is better than *break*.
Stay is better than *go* astray.

となる。すなわち，動詞の原形が主語になり，名詞になる。現在の英語で表現すれば

To bend is better than *to break*.
To stay is better than *to go* astray.

か，あるいは

Bending is better than *breaking*.
Staying is better than *going* astray.

である。
　以上のことから理解できることは，かつての英語はドイツ語

やフランス語と同様に動詞の原形が名詞としての機能をはたしていたということである。つまり，主語の領域が現在の英語より広かったという事実がある。次がそれを実証している。

Small is beautiful.（*The Economist*）
（小さいことは素晴らしいことだ）

この文の主語 small は being small や to be small の small の前の要素が省略されたものと考えてもいいが，少なくとも表面上は small という形容詞が主語になっている。
他にも例がある。

Easy does it.（のんびりやるのが大切である）
Steady does it.（確実にやるのがいい）

副詞が主語になることもある。

Slowly does it.（ゆっくりやるのが大切である）
Gently does it.（ていねいにやるのがいい）

この表現はいずれも古い起源をもつ表現で，今日では略式表現。詳しくは第3章の2.4.2で言及するが，it は非人称の it で意味はない。動詞の目的語であることだけを示す。つまり，主語は動詞の前の語であることを示す。必然的に主語は easy, steady の形容詞，slowly, gently の副詞になる。

このように、かつての表現では形容詞や副詞が主語になることが許容されていたゆえに「just because ～」「simply because ～」「by the end of the week」のような副詞節や副詞句が主語になる素地は昔からあった。
　最後に文が主語になる例を紹介する。

I have the will, is what I told the people.
（Arnold Schwarzenegger）
（私には強い意志があるということこそ私が住民に話したことである）

この文は

"I have the will." is what I told the people.

とすれば、話し言葉をそのまま書き言葉に換えただけになる。また

That I have the will is what I told the people.

と置き換えることが可能だが、それでは意味が弱くなる。直接、文を主語にすることで聞き手に強い印象を与える効果がある。
　このように、口語表現においてではあるものの、主語を表現するには単に名詞および名詞相当語句のみならず様々な表

現が主語になるという意味で，多様化が進んでいる。この傾向は将来も続いていくかもしれない。

3.2 目的語は名詞でなければならないか

　目的語には2種類ある。動詞の目的語と前置詞の目的語である。前者の場合は「動詞＋名詞」の型の名詞に相当するもので「動詞の働きを受ける語」をいう。目的語になる品詞は一般に名詞あるいは名詞に準ずるもの，例えば，代名詞・不定詞・動名詞などの他，名詞句や名詞節である。後者の場合は「前置詞＋名詞」の型の名詞に相当するもので「前置詞の後にくる語」をいう。ここでは，目的語に名詞や名詞に準ずる要素以外のものがくる例を見ていこう。

　まず，動詞の目的語についてだが，次の文を見てみよう。

Although Japan banned the two most lethal forms of asbestos in the mid-1990s, government regulators *have given industry until 2008* to stop using the most common form of the minerals in cases where there are no substitutes. (*BusinessWeek*)
（日本は1990年代半ばアスベストのうち最も致死性の高い2つの種類を禁止したが，政府の規制当局者は代替物質がない場合は，最も一般的な種類のアスベストの使用中止を2008年まで産業界に猶予した）

Malawi, the latest target, switched allegiance to Beijing last month, and *has given Taiwan until the end* of this

week to withdraw all embassy staff. (*Newsweek*)
(最近の目標対象国であったマラウィは先月中国政府へ忠誠を誓うことに政策転換した，そして台湾政府に全ての大使館要員を引き揚げるよう今週末まで猶予した)

　引用2例は同じ表現を使っている。「give＋目的語＋until＋時を表す名詞」の型である。動詞 give は目的語を2つ必要とする授与動詞であるから，前の引用例は厳密にいうと誤り。すなわち「until＋時を表す名詞」は副詞句であり名詞にはなり得ない。つまり，前の2例は次のようにすべきである。重要部分のみを摘出する。

government regulators *have given industry a time until 2008* ～

and *has given Taiwan a time until the end* of this week ～

　引用文では2例とも a time がない。すなわち，「a time until＋時を表す名詞」で名詞句になる。しかし，逆に「a time until＋時を表す名詞」はネイティヴには時を表す概念が二重の冗語表現に思えてしまうのであろう。日本語で考えても理解できる。前者の例で「2008年まで猶予を与えた」で充分である。「2008年までの時間の猶予を与えた」とするよりは。両者ともアメリカ社会をリードする週刊誌である。両表現は単なる俗語表現とは判断できない。

　以上の例から「目的語を2つとる授与動詞 give は直接目

的語が『until＋時を表す名詞』の場合，『until＋時を表す名詞』の前置詞句は名詞句扱いできる」と考えるのはゆき過ぎであろうか。わずか2例だけで結論づけるのは危険であるが，その方向に向かっているのは確かである。

　次に前置詞の目的語についてであるが，前置詞の目的語は原則として，名詞または名詞句でなければならない。except（…を除いて）を例に以下の文を見てみよう。

Everyone knows it *except me.*
（私を除いて皆がそれを知っている）

この文は標準的な例で，代名詞を目的語にとっている。しかし，他の品詞をとる場合もある。

Except in a true emergency, don't let anything interrupt "us" time. (*Reader's Digest*)
（本当の非常時を除いて，何物にも我々の時間を邪魔させてはならない）
　◆"us" time は正式には our time であるが，俗語表現では us time という。ゆえに敢えて us を強調するために "us" time とした。

上の例では except は in a true emergency の前置詞句を目的語にとる。「except for ～」が許されることから前置詞句を目的語にしても当然許される。
　このように，名詞や名詞句が目的語とならない例もあり，

第1章　拡大化・多様化に向かう変化　　47

目的語としてとることのできる品詞に拡大化が進んでいるといえるかもしれない。

3.3　主格に使う目的格 me

次の文はふつうの会話文である。

Would you believe that I'm over 60 now? Most people my age are ready to retire, but *not me and my band*.

(Mick Jagger)

(あなたは私が60歳を過ぎていると信じますか。私と同じ年齢のほとんどの人達は引退の準備をしておりますが、私とバンド仲間はそうではありません)

斜字体部分を完全な節にすると

my band and I are not ready to retire

になる (my band と I (me) の順番については後述)。引用例では主格でなく me and my band の目的格になっている。
別の例もあげる。

It was late afternoon, he was on the tequila, *me, bourbon*.

(*Esquire*)

(午後遅くであった、彼はテキーラをやっていた、私はバーボンだった)

典型的な口語文で，and などの接続詞のない並列構造にもなっている。完全な文にすれば

It was late afternoon and he was on the tequila *while I was on the* bourbon.

であるが，これでは学校の教科書の英語になってしまう。男の雑誌 *Esquire* が泣く。
　比較を表す構文でも主格を表す me は見られる。

He works as hard as *me.* （彼は私と同じくらいよく働く）

　この文は He works as hard as *I do.* と同じ意味である。つまり，実際の英語ではいわないが He works as hard as *me does.* の意味になる。すなわち，主格の位置に目的格 me がある。me does は me do ではないかとの指摘もあろうが，後述する meseems（私には…のように見える），methinks（私には…のように思える）などの類推から me does にしておく。比較級でも同じことが言える。

He is taller than *me.* （彼は私より背が高い）

　正式の英語では He is taller than *I.* が正しいが現在では古い用法になるか，稀な用法といえる。
　なぜこのように目的格が主格に使用されるのか。かつては

俗語あるいは卑語用法であった主格の代わりの目的格がふつうの用法に変化したからだ。例えば「もしよろしかったら」をフランス語でいうと

 s'il vous plaît

である。英語で表現すると

 if it please you

になる。it は非人称の it で現在の英語では消滅し，その代わりに目的格の you が it の位置を占め

 if you please

が発生した。しかも，仮定法現在になっている。もう一度言うが you は主格ではなく目的格である。今日の文法に合致しないから慣用句扱いになっている。古い俗語用法の meseems や methinks はこのようにして発生した。以下, messems, methinks の例文をあげる。

 Messems I could discover fitter objects of piety!
 （私には自分が信心に関してよりふさわしい物を見つけることができたように思える）
 Methinks a strait canal is as rational at least as a

mæandring bridge.
（私には真っ直ぐな運河は少なくとも曲がりくねった橋と同じくらい理にかなっているように思える）

　両者とも *OED* からの引用であるが，古い英語ゆえ綴り字が今日のものとは少し異なる。
　もう少し詳しく述べる。meseems はかつて it seems (to) me であった。(to) me は与格の me で古い英語では to は不要であった。非人称の it の位置に me がきて me seems が成立し，さらに meseems が完成する。
　以上の経緯から最初の例文の me and my band が発生した理由が理解できたと思う。それにしても me and my band ではなく my band and me ではないのか。確かに my band and I のときには代名詞 I は最後にくる。しかし

You and *me* were late.（君も私も遅刻した）

の文は

Me and *you* were late.

の語順にすることが多い。
　以上をまとめて例文をあげておく。

"*Me* and *my family* have been under intense pressure in

the past few weeks, but much of what has been written about me is not true," Mr Levene said. (*The Telegraph*)
(「私と家族は過去数週間非常に強いプレッシャーを感じていたが,私について書かれていることの多くは事実ではない」とレビーン氏は語った)

　このように誤った主格の me の用法は慣用的になってしまっているので天変地異が生じても誤ったまま使用され続けるであろう。

3.4　同族目的語の変形表現
　同族目的語（cognate object）とは動詞を受ける目的語が動詞と同語源,同義の目的語である場合をいう。つまり

She *lived* a happy *life.*（彼女は幸せな生活をした）

の文で lived は同族目的語をとる動詞,life は同族目的語という。
　確かに英語では sing a song（歌を歌う）, sigh a sigh（溜息をつく）のように同族目的語の前に性質を表す形容詞が用いられない場合もあるが,ふつうは live a happy life のように動詞と名詞の間に形容詞が入る。
　次の文はどうか。

But I really have *lived* a *life* that says that kindness,

inspiration, tapping into the common values that we all share is a much more powerful motivating force than fear.（*The New Yorker*）
（しかし，私は親切，感動，あるいは我々皆が共有している共通の価値を利用することは恐怖よりずっと強力な動機づけの力になるという生活を実際にしてきた）

確かに，形の上ではふつうでない live a life が使われている。しかし，内容から理解できるように，すぐ後の that 節が全体として形容詞節となり life を修飾するので結局は同族目的語の前に形容詞があるのと同様の働きをしている。

He showed how to *live life* to the full, surrounded by friends, family, love and laughter.（*Time*）
（彼は友人，家族，愛情と笑いに囲まれて心行くまでいかに楽しく生活するかを示した）

の引用文の live life も一種の同族目的語表現であるが，live a full life（満足した生活をする）の意味で to the full が life を修飾している。辞書によっては慣用句扱いしているものもあるが，その必要はない。しかも live life と不定冠詞が欠如している。この具体例をあげる。

And perhaps that is how Filipinos will remember her, a mere human（imperfect and flawed），but one who tried

to *live life* in the most honest way she could, with only the best interest of others at heart. (*Time*)
(そして,恐らくそのようにしてフィリピン人は彼女を,ただの〈不完全な欠点のある〉人間として記憶にとどめていくのであろうが,しかし,彼女は心の中では他人の最善の利益だけを考えて可能な限り正直な方法で人生を送ろうとした人である)

◆ her とは Corazon Aquino (コラソン・アキノ元大統領) のこと。

上の live life は live the most honest life の意味である。このような同族目的語に伴う形容詞句ないし形容詞節の後置はますます盛んになるであろう。同族目的語を使った表現が拡大化されつつあるということである。

3.5　間接目的語を主語にした受動態
次の能動文を見てみよう。

She wrote him a long letter.
(彼女は彼に長い手紙を書いた)

この文は,受動文にする場合,2つの文が可能である。

A long letter was written to him (by her).
(長い手紙は＜彼女により＞彼に書かれた)
He was written a long letter (by her).

（彼は＜彼女により＞長い手紙を書かれた）

　しかし，学習参考書などではあまり触れられていないこともあるが，厳密にいうと後者は誤りと判断されることが昔からあった。今日でも不自然という学者もいる。しかし，一般的には使用されている。
　他の類似例をあげる。次はいずれも今日では許されているが，表現としては不自然とされることもある。

I was made a doll by my mother.
（私は母に人形をひとつ作ってもらった）
He was bought a book by his father.
（彼は父に本を一冊買ってもらった）
I was given a book.（私は本を一冊与えられた）

　他に次の動詞が使用されると能動文での間接目的語を主語にした受動文は一般化されてはいるが，やはり不自然とみなされることもある。

bring（運ぶ），do（する），find（見つける），
get（手に入れる），pass（通す），sing（歌う）など

　これに関してイギリスの文法学者 Henry Sweet は著書 *New English Grammar* の中で次のように言っている。

第 1 章　拡大化・多様化に向かう変化　　55

We still hesitate over and try to evade.
（依然として使用を躊躇するし，できるなら避けたい）

　ここまでの記述はいろいろな本に書かれているが，その理由を示す既述は見当たらない。理由は次の通り。

　このような動詞のほとんどは英語古来から存在している動詞，つまり，英語が属する西ゲルマン語由来の動詞である。この種の動詞は今日でいう「動詞＋間接目的語＋直接目的語」の文型をとるが，かつて古期英語の時代は「動詞＋与格＋対格」の型といわれた。つまり，現代の英語では間接目的語も直接目的語も「目的格」として形は同じであるが，今日のドイツ語がそうであるように古期英語では「間接目的語」は「与格」，「直接目的語」は「対格」といわれ，形が違うものであった。そして今日の「与格」に相当する間接目的語を目的語とよぶことはできなかった。すなわち，直接目的語だけが目的語といえる。ドイツ語では「与格」だけをとる動詞，例えば，英語の他動詞 help（ドイツ語の helfen）はドイツ語では自動詞である。例をあげて説明しよう。

〈英語表現〉
I *help him* with his work.（私は彼の仕事を助ける）
◆ help は他動詞，him は目的語。
〈ドイツ語表現〉
Ich *helfe ihm* bei der Arbeit.（私は彼の仕事を助ける）
◆ helfen は自動詞，ihm は与格の代名詞。

つまり，古期英語の時代に目的語にできなかった名詞を主語にするのは英語の由来を知るネイティブに抵抗があるのは当然である。

　フランス語でも同様に，能動文の間接目的語が受動文の主語になるのは許されない。例えば，以下の2文（前者は能動態，後者は受動態）は英語では許される。

He gave me a book.（彼は私に本を一冊くれた）
I was given a book.（私は本を一冊与えられた）

　しかしながら，上の2文に相当するフランス語について，後者の方は許されない。

Il m'a donné un livre.
（英語の He gave me a book. に相当する）
＊J'ai été donné un livre.
（英語の I was given a book. に相当する）

　しかし，英語の歴史に詳しくないふつうの人には古期英語やフランス語中心であった中期英語から続く文法感覚は失われてしまい，間接目的語を主語にする受動態の文は既に標準英語化してしまったといえるのかもしれない。いずれにせよ，受動態についても表現の拡大化が進んでいるといえよう。

❹ 代名詞・冠詞についての変化

　これまでも代名詞，特に人称代名詞などに関して拡大化の例を見てきたが，ここではそれ以外に代名詞や冠詞における拡大化の変化にはどのようなものがあるのかについて見ていきたい。4.1 では代名詞の所有格と定冠詞 the の誤用について，4.2 では代名詞 that のあまり見られない用法について紹介する。

4.1　代名詞の所有格と定冠詞 the の誤用

　人間（動物）及び身体の部位を対象とする動詞表現にはある特徴がある。以下２つの文を比較しよう。

　I kissed her cheek.（私は彼女の頬にキスをした）
　I kissed her on the cheek.（私は彼女の頬にキスをした）

　両者の表現で意味上の差は小さい。一般に前者は直接的，理知的，散文的表現であるとされ，後者は間接的，感情的，印象的表現であるとされている。
　ここでは後者の例を扱う。すなわち，人間（動物）および身体の部位を対象とする動詞表現においては例文のように「動詞＋人間（動物）＋on（by あるいは in）＋the＋身体の部位」の文型をとる。これは英語やドイツ語などのゲルマン語の特徴である。
　しかし，次の例は上の型になっていない。

He claimed that he merely *grabbed his "victim" by his belt and sweatshirt* and removed him to a store room.

(*The Telegraph*)

(彼は『被害者』のベルトとスウェットシャツを掴み，彼を物置へと排除しただけだったと主張した)

Instinctively, I put my hand in front of him to stop him tripping over. That's why he describes it as me holding him upside-down. By the time the case got to court that had been turned into me *dropping him on his head*.

(*The Telegraph*)

(本能的に私は彼の前に手を伸ばし彼が躓いて倒れるのを防ごうとした。それを私が彼を逆さに吊るしたと述べているのです。この事件が裁判になるまでに事は私が彼を頭から落としたと替えられてしまったのです)

He *grabbed the boy by his belt and sweatshirt* and removed him to a store room. (*The Telegraph*)

(彼はその少年のベルトとスウェットシャツを掴み，彼を物置へと排除した)

◆イギリスの新聞からの出典であるが，前2者は Nigel Bunyan 氏，第3者は Boris Johnson 氏による記事である。

3例とも grabbed his "victim" by the belt and sweatshirt, dropping him on the head, grabbed the boy by the belt and sweatshirt になっていない。つまり，定冠詞 the の代わりに人称代名詞の所有格 his が使われている。特に第2例の

場合，dropping him on his head では「彼を（"him" とは別人の）彼の頭の上に落とす」の意味にもなりかねないが，前文の holding him upside-down から「逆さまに落とす」の意味であることが理解される。これらの表現は従来は誤りとされた表現であるが，将来は定冠詞の代わりに人称代名詞の所有格が使用されるようになるかもしれない。

　何故このような誤用が生じるのか。この種の誤用は過去の英語でも見られる現象である。

　例えば「彼は一冊の本を手に持っている」を各言語で表現する。

He has a book in *his* hand.（英語）
Er hat ein Buch in *der* Hand.（ドイツ語）
Il a un livre dans *la* main.（フランス語）

　英語以外は人称代名詞の所有格を使わずに定冠詞の the に相当する定冠詞 der 及び la を用いる。つまり

He has a book in the hand.

に相当する。すなわち，英語以外の言語では主語に「彼」があり「彼の手」であることは自明，かつ2度目に出現する「その手」ゆえ his でなく the になる。

He has a book in his hand.

この文は「彼は本を一冊持ってはいるが，その本は（"He"とは別人の）彼の手にある」の意味になる。前後関係から文意は自然に理解されるが厳密にいうと英語は誤りである。このように英語は時代の流れに沿って変化し続けている。例文のように，定冠詞であるべきところが代名詞の所有格でも許容されるようになったという意味で，多様化への変化が起きているということができるだろう。

　最後に前置詞について触れる。上に述べた前置詞 on, by, in 以外の前置詞が使われることもある。

She *hit my son over the head.*
（彼女は私の息子の頭を叩いた）
◆イギリスのレディング付近の方言といわれている。
She *struck him across the face.*
（彼女は彼の顔を横びんたした）
The bullet *shot my father through the heart.*
（弾丸は父の心臓を射抜いた）

4.2　that の特別用法
次の文を見てみよう。

"I said that a journalist simply couldn't ask a child a question like that," Grillo recalled. "*That instead* they should have had that journalist kidnapped and, when he was freed, asked him, 'Listen, dickhead, what did you miss more, your mother or your newspaper?'"

(*The New Yorker*)

(「私はあるジャーナリストが子供にそのような質問をすることは許されるべきではないと言った」とグリロは思い出していた「その代わりにジャーナリストは誘拐されるべきだったし,そして彼が解放されたら,彼に聞くべきであった「よく聞け,バカ,自分の母親と新聞のどっちがないほうが淋しかったかな」と)

上の文の that instead は見かけない表現。前述の like that を受けて that instead としたのであろう。ここでは that を省略するか instead of that であろう。元来 instead は「in the stead of 〜」から発生した。"〜" の位置には名詞,形容詞,動名詞,不定詞,「as + 節」なども可能である。極端な場合には

I even respect him *instead of hate* him.
(彼を嫌うどころか尊敬さえしている)

のように動詞の原形がくることもある。instead of that が冗長であるゆえ that instead の表現にしたのであろう。今後は this instead も使われるかもしれない。

次の that の用法も将来は案外一般化する可能性はある。

Media reports have told of some Britons packing up and

moving back to their homeland. But residents insist there has been only a trickle of people who have gone back, *if that.* (*Los Angeles Times*)
(メディアの報告によるとイギリス人の中には荷物を纏めて自分達の母国に帰った者もいるという。しかし，住民達は例えそうであっても帰ったのはほんの一部の者であると主張している)

この文の if that もふつうではない。本来なら「例えそういう者達がいるとしても」の意味であるゆえ if there have been any people の省略形 if any か，「例えそういう事態があるにせよ」の意味であるゆえ if it is so の省略形 if so であるべき。恐らく if so の副詞 so の意味が似ていることから that と混同した表現であろう。

このような that の用法の多様化傾向は非常に口語的表現でしか見られないゆえ，正式表現として認められるには時間がかかると思われるが，2例とも長い年月を経れば正式化するかもしれない。

5 語義の拡大と転化

語義の拡大とは，ある語や語句が本来持つ意味から，連想などにより，別の意味を持つことをいう。すでに一般の辞書に記載されている場合もあるし，比較的新しい変化であるため，まだ一般の辞書には載っていない場合もある。さらに，

ある語義が意味を変える場合がある。これを語義の転化と称する。

次は語義の拡大の例である。

My first impression was like a film set with *manicured* lawns and a huge fountain.（*Your Manchester*）
（私の最初の印象はまるで映画のセットのようで，手入れの行き届いた芝生と大きな噴水があった）

◆ *Your Manchester* はマンチェスター大学の同窓会誌。

元来 manicure は「mani（手の）+cure（手入れ）」の合成語である。過去分詞形の形容詞になると，意味が転じて「（庭や芝生の）手入れの行き届いた」の意味になる。ふつうの辞書に掲載されている。

次も同様。

That is not *chicken-feed* in a poor state.（*The Economist*）
（それは貧乏な州にとってははした金ではない）

元来 chicken-feed は文字通り「にわとりの餌」の意味であるが，量が少ないところから「はした金」に語義が拡大したもの。ふつうの辞書に掲載されている。

しかし，次は従来の語義を超えている。

He squirts out into traffic and *punches* past slow drivers.

(*Esquire*)
(彼は車の往来の中へ飛び出していき、ノロノロ走っている運転手をあっという間に抜き去る)

　動詞 punch は「機械を急に動かす」「ボタンやキーを押す」の意味がある。さらに punch it で「スピードを出す」の意味もある。この意味の連想から引用例では「猛烈なスピードを出す」の意味で使われている。辞書には載ってないが、口語表現である。
　次も時代に合わせた表現。

Yellow chinos are just *a click or two* brighter than khaki, so as long as you stick to lighter shades, you can wear them with anything. Except more yellow. (*Esquire*)
(黄色のチノパンはカーキ色よりほんの少し明るい、だからより明るい色合いにこだわるなら、何とでも組み合わせて着ていい。より黄色が強いもの以外は)

　コンピューターの時代である。a click or two（1, 2回クリックするくらい）は a little bit の意味。
　次の2例は固有名詞の語義が拡大した例である。

A good *samaritan* took him to hospital in his car.
(*The Guardian Weekly*)
(ある親切な人が彼を自分の車で病院に連れていった)

As Napper progressed from *peeping tom* to stalker, to rapist and finally serial killer, he appeared on the political radar at least seven times.(*The Guardian Weekly*)
(ナパーがのぞき男からストーカー，強姦魔そして最後に連続殺人犯まで進むにつれて，彼は少なくとも7回警察の探知リストに姿を現した)

　前者の文中の good samaritan は本来 Good Samaritan に由来する。「良きサマリア人」の意味で「古代イスラエル北王国の民」で「困っている人に親切であった」ことから「親切な人」の意味になった。Good Samaritan は good Samaritan と標記されることもある。さらに一歩進んで普通名詞化されて「親切な人」の意味に語義が拡大した。

　後者の peeping tom は本来 Peeping Tom に由来する。「のぞき見トム」の意味で「トム」という名ののぞき見が好きな男が存在したか，あるいはそのような男を「トム」の名で代表させたのであろう。peeping Tom のように表すこともある。いずれにせよ固有名詞扱いであるが，peeping tom は今日では普通名詞化されることもあるという事例。いずれ，両者は完全に普通名詞化されるかもしれない。

　「地図帳」を表す atlas も固有名詞 Atlas から語義が拡大した。Atlas はギリシャ神話に登場する巨人で，肩で天空を支えるように宣告をされた。かつて地図帳に天空を支えるアトラスの絵があったことから atlas が普通名詞となり「地図帳」あるいは「重荷を負う人」の意味になった。

さらに商標名が語義を拡大して普通名詞になることもある。次がその例。

In August 1992, two members of the pubic called police to say Napper looked like the Green Chain rapist's *photofit.* (*The Guardian Weekly*)
（1992年2人の公衆が警察に電話をかけて，ナパーがグリーンチェーン強姦魔のモンタージュ写真に似ていると言った）

　元来 photofit（モンタージュ写真）はイギリス英語で Photofit であり商標名であった。「写真にピッタリ」くらいの意味である。montage（モンタージュ写真）はフランス語に由来する。イギリス英語で photofit は普通名詞化されたと考えていい。
　その他 klaxon（自動車のクラクション，現在は horn がふつう）も元来は Klaxon で商標名であった。一種の語義拡大である。
　他に aqualung（潜水用呼吸装置）なども元来は固有名詞であった。今日では scuba と称するが aqualung の新商標名である。self-contained underwater breathing apparatus の頭文字を合成した語。
　他にも Porta-Potty（移動式トイレ）が porta-potty に，Jeep（小型の馬力の強い自動車）が jeep となる。
　次は語義が拡大した後，さらに意味が転化する例である。

Some *greens* argue that building new nuclear stations means scaling back the government's renewable-energy goals.（*The Economist*）
（環境保護政策主義者の中には新たな原子力発電所の建設は政府の再生可能エネルギー目標の縮小を意味すると主張する人もいる）

　文中の greens は元来 Greens であった。1980年に西ドイツで結成され「反核」「環境保護」「女性解放」を基本政策に掲げた党である。その運動がイギリスにも入り Green Party が結成された。通例 Greens は「緑の党の党員」を意味するが，転じて greens と普通名詞になった。「環境保護政策主義者」をいう。

　さらに意味の進化する場合もある。ここでいう「進化」とは，ある語や語句の指示対象がよりすぐれたものや複雑なものに変化していくことであり，具体的に述べれば green「緑」が「環境に優しい物」に変わり，さらに「環境保護」に意味を転じたことをいう。

　次は形容詞 green の例である。

The internet could become as *ungreen* as aviation.
　　　　　　　　　　　　　　　　（*The Economist*）
（インターネットは航空産業と同様環境に優しくないこともあり得る）

形容詞 green は進化し「環境に優しい」の意味に転化している。さらに ungreen（環境に優しくない）なる新語までを開発している。現在の時点では当然辞書に掲載されていない。

　一方で，「拡大化」とはいえないかもしれないが，元の意味でほとんど使われなくなり，新しく生まれた意味でしか用いられない例もある。

London *Gay* Again（*The Times*）
（ロンドンが再び明るくなった）
◆第二次世界大戦が終了した直後のロンドンタイムス第1面の見出しである。対戦中に灯火管制に苦しんだロンドン市民の気持ちを表現している。

　表現 gay は今日では「明るい」の意味で使うことはほとんどない。僅か60年の間に語義が変化した例である。*OED* によるとかつては immoral（非道徳的）の意味であったが，今日では「ホモセクシャル」の形容詞あるいは名詞として使う。

　以上のように，英語に限ったことではないかもしれないが，その時々の時代状況に合わせて，語義の拡大や転化は今後も起こっていくだろう。

6 形容詞についての変化

このパートでは形容詞に焦点を当てて，拡大化，多様化に向かう変化を見ていく。

6.1では形容詞の後置修飾の可能性について見ていく。つづいて6.2では同義語の重複の事例を紹介し，6.3では本来限定用法で使えない形容詞が限定用法で用いられている現象を見ていきたい。

6.1　形容詞の後置はどこまで可能か

言うまでもないことだが，形容詞が名詞を直接修飾するときは，原則として形容詞は名詞の前に置かれる。しかし，その一方で後置される例も少なからず見られる。ここでは，その可能性について考えてみたい。

6.1.1　過去分詞や現在分詞の後置

次の例のように過去分詞が単独で形容詞となる場合，ふつうは名詞の前に置く。

'Dorm' is a *contracted* form of 'dormitory'.
('dorm' という語は 'dormitory' の短縮語である)

しかし，過去分詞が単独で後置される場合は多い。過去分詞が動詞的要素を含む場合に多い。

Life *protracted* is *protracted* Woe.（Dr. Johnson）
（長引いた人生は長引いた悩みだ）

◆短い詩の中に形容詞の前置と後置が現れている。

Lovell was among the thirty-four military pilots *considered*, but he was rejected because he had a rare blood-pigmentation condition.（*Newsweek*）
（ラベルは考慮されていた34人の軍事パイロットの中の１人だった，しかし彼は珍しい血液色素状態であったので排除された）

◆Lovell は Jim Lovell のことで1952年までにアメリカの NASA が最初の宇宙飛行士の候補者として選んだ34人のうちの１人であった。

One idea *floated* was to build a man-made island to house factories in the West Sea.（*Time*）
（浮上したアイデアは工場を建設するための人工島を西海に作ることだった）

◆韓国は独自に「日本海」を「東海」(East Sea),「黄海」を「西海」(West Sea) と呼んでいる。

Many Peruvians, often including the parents of the children *concerned*, believe that people of Andean Indian decent are naturally short.（*The Economist*）
（関係ある子供達の親を含める場合が多いが，多くのペルー人はアンデス山脈の上品なインディオ達は生来背が低いと信じている）

The cast, animals and robots *included*, performs on a 330-foot（100-metre）wrap-around stage in a 339,000-square-

foot building.（*The Economist*）
（動物やロボットを含めて全出演者が339,000平方フィートの建物にある330フィート＜100メートル＞の広角ステージで演じる）

◆過去分詞 included は形容詞となり後置される。さらに Price 2£, postage *included*（価格は郵送料を含めて2ポンド）のように独立的にも使用する。including を使うと including animals and robots となり including は前置詞扱い。

現在分詞に関しても同様である。例をあげる。ただし，現在分詞が動詞的要素を含む場合である。

the day *following*（次の日），the time *being*（現在）

6.1.2　その他の形容詞の後置

現在分詞，過去分詞以外の一般的な形容詞も後置されることが往々にしてある。以下では3つのケース（6.1.2.1, 6.1.2.2, 6.1.2.3）に分けて，例を踏まえながら，見ていきたい。

6.1.2.1　2つの形容詞が並列して置かれる場合

形容詞が2つ，あるいはそれ以上が等位的に置かれる場合，形容詞は後置されることがある。

He gets a little help from friends *old* and *new*.

(*Newsweek*)

(彼は新旧の友人から少々の援助を受けている)

Perhaps it is a universal truth that the loss of liberty at home is to be charged to provisions against danger, *real* or *pretended*, from abroad.(*The Economist*)

(国内において自由を制限することは，事実にせよ，見せかけだけにせよ，外国から生ずる脅威に対処する条項の説得力になるというのは恐らく普遍的な真実である)

6.1.2.2 形容詞 past, proper などの慣用的後置

形容詞 past（すぎ去った）はもともと pass の過去分詞から発生したものであるから，形容詞として前置も後置も理論上可能である。proper も「厳密な」「本当の」の意味の時は後置される。

She was beautiful in days *past*.（彼女は昔は美人だった）

◆ in *past* days の表現もあるが in days *past* と形容詞を後置するのは文語体である。

In the Games *proper*, China hopes to win more gold than ever before.(*The New Yorker*)

(厳密な意味でのオリンピック大会において中国は今までより多くの金メダルを獲得することを望んでいる)

◆文中の Games は「オリンピック大会」をさす。proper は「厳密な意味で」「本来の」の意味であるが，正式表現では後置する。この文で proper が使用された意味は中国が国家として成立したのは1949年で，

それ以前は中国の選手は他国の選手として出場したことをさしている。properを使う表現は他にJapan *proper*（日本固有の領土），literature *proper*（純文学）などがある。

またavailable（利用できる）も時に後置されることがある。

The hotel had no rooms *available*.
（そのホテルには空き部屋はなかった）
◆availableが前置されてThe hotels had no *available* rooms.も可能。

6.1.2.3　一般的形容詞の後置
特定の形容詞の後置が許容されていることを考慮すると，一般の形容詞の後置も考えられる。

The Koreas are building a series of economic megaprojects. Peace may be a small step *closer*. (*Newsweek*)
（韓国と北朝鮮は一連の巨大経済計画を打ち立てている。平和こそがそれにより近づく小さなステップかもしれない）
For people *upcountry*, as the Thais like to call it, Thaksin's populist health-care initiatives and village funds were manna. (*Time*)
（タイ人はそう呼ぶのが好きだが，内陸人にとってタクシン大衆党の健康管理構想と村民基金は天の恵みであった）
Sean Keogh of Merlin, a British medical charity, who has spent nine days in the delta, describes the situation as

"desolation *absolute*".（*The Economist*）
(イギリスの医療慈善団体マーリンのシアン・ケオグ氏は＜ミャンマーのイラワジ川の＞デルタ地帯で9日間を過ごしたが，その状況を「絶対的惨状」と評している)
In Georgia, Saxby Chambliss, the Republican *incumbent*, beat Democrat Jim Martin by 110,000 votes.
（*The Economist*）
(ジョージア州では共和党の現職議員サックスビー・チャンブリスは民主党のジム・マーチンを11万票の差で破った)
Officers who spoke to Napper in July noted："Subject *strange, abnormal*, should be considered as a possible rapist, indecency type suspect."（*The Guardian Weekly*）
(7月にナパーに話し掛けた警官は述べている「奇妙かつ異常な対象者は強姦の可能性のある，猥褻タイプの容疑者と見なされるべきである」と)

　上例の全ての形容詞 closer, upcountry, absolute, incumbent, および strange と abnormal は共に単独で後置されている。語源的にはラテン語由来の形容詞が多いのは当然であるが。ラテン語では形容詞の後置はふつうであった。ラテン語から発生したフランス語，スペイン語，イタリア語では今日でも形容詞の後置は一般的である。特に，第4例は本来なら the incumbent Republican であるべきだが，政治用語や法律用語はフランス語の影響で後置されたものと考えていい。第5例も法律用語の例と考えられる。このように形容詞が後

される場合は，形容詞の前置に比較して形容詞に意味の重点が置かれることを明記しておく。

どのような形容詞が後置されるかについては，まだ不明な点も多いが，現象としては増えていく，つまり拡大化していく可能性はあるだろう。

6.2 形容詞に見られる同義句の重複

次の例は同義句が重複された非文の例であるはず。

They had noticed that a funny smell hung around the turban, and the Weasley twins insisted that *it was stuffed full of garlic as well*, so that Quirrell was protected wherever he went.（*Harry Potter*）
（彼らは奇妙な匂いがターバンの周囲にあるのに気がついていた，そしてウィーズリーの双子はそのターバンがおまけにニンニクの匂いで一杯であり，その結果クウィレルはどこに行こうとも守られていると主張した）

◆「ニンニク」はかつて魔除けに用いられた。

『ハリーポッター』は知られている通り，一般的な，むしろ大衆的な作品であり，特に公式の英語で書かれているわけではない。従って，英語の文体として超一流の文章とはいえない。

ゆえに，斜字体部分

it was stuffed full of garlic as well
（それはおまけにニンニクの匂いで一杯であった）

は正当な英語には思えない。この部分は以下の2つの文の併合形であろう。

it *was stuffed with garlic* as well
it *was full of garlic* as well
◆「be stuffed with ～」「be full of ～」共に「…で一杯である」の意味。

あるいは

it *was stuffed, full of garlic* as well
（それは一杯だった，つまり，おまけにニンニクの匂いで一杯であった）

の意味かもしれない。つまり it was stuffed, being full of garlic as well で it was stuffed with と言いかけてから，言い直し full of garlic as well にしたものであろう。
　その通りで *OALD* には次の記述がある。

My nose is stuffed up, full of mucus（as when one has a cold）.
（私の鼻は一杯だった，鼻汁で一杯だった〈風邪をひいているときのように〉）

第1章　拡大化・多様化に向かう変化

しかし，*Longman Dictionary of Contemporary English*（以降 *LDOCE* と略記する）には次の記述がある。

boxes *stuffed full of* papers（書類で一杯の箱）

すなわち，*OALD* では be stuffed up, full of とコンマを打って2つの構文扱い，*LDOCE* ではコンマを削除して初めて be stuffed full of の慣用句を認めている。イギリス英語では be stuffed full of は今日では市民権を得た表現といえる。しかしアメリカ英語ではこれを認めない。

このような一見冗長に思えるような表現も強調する意味合いでは効果的になることもある。こういった表現はこれからも見られることだろう。

6.3 誤って限定用法が使われている例

次は形容詞の用法の誤りである。

Everyone in our group was eating outside, but I wanted *some alone time* with her and suggested eating in the lodge.（*Cosmopolitan*）
（我々のグループの皆は外で食べていたが，私は少しの時間彼女とだけで過ごしたくて小屋の中で食べようと提案した）
"I wanted a bit of *alone time*."（*The Telegraph*）
（私は少し1人だけの時間が欲しかった）

◆イギリスの F1 レーサー Jenson Button がブラジルでのレース後の記者会見で発言。

　形容詞 alone は叙述用法のみであるから alone time の表現は不可能。上の 2 文はそれぞれ

Everyone in our group was eating outside, but I wanted *some time alone* with her and suggested eating in the lodge.
"I wanted a bit of *time alone*."

でなくてはならない。
　前者はアメリカ英語，後者はイギリス英語。*OPED* によれば alone は

Alone cannot be used before a noun.
（alone は名詞の前で使用され得ない）

という説明がある。両者は完全に原則を逸脱している。しかし，*OED* によればかつては上例のように稀に限定用法として使用されることもあるという。いわば古い英語の生き残りと考えていい。

Christ is the *alone source* of sanctification.
（キリストは神聖化の唯一の源である）

第 1 章　拡大化・多様化に向かう変化　　79

この例文は *OED* からの引用である。前述の通り，先にあげた2例はアメリカ英語，及びイギリス英語の例であり，共に現代に残っているので alone の限定用法は許容されるようになるかもしれない。

　ここでは alone の事例のみを扱ったが，その他の限定用法が許されないとされる形容詞においても，限定用法で使われることが可能になることも考えられる。これも形容詞の用法の「拡大化」の一例といえるだろう。

7 前置詞・接続詞・関係詞についての変化

　ここでは前置詞，接続詞，関係詞について，拡大化・多様化に向かっている変化について触れる。7.1 は拡大する前置詞表現について，7.2 では and と or が交換可能な場合について，7.3 では関係代名詞 that が非制限用法で使われている現象について見ていきたい。

7.1　前置詞表現の拡大

次は辞書にない前置詞表現である。個人の好みや思い違いから生じるのであろう。

I *make him for* retired *military*, with his short hair and missing teeth and those faded green tattoos that old soldiers have on their arms. I also *make him for American*, even though Havana is the one place on earth where white guys who speak English are asked automatically what part of Canada they're from.

(*Esquire*)

（私は彼を退役軍人だと思った，髪は短く，歯は欠け，そして年老いた軍人が腕に彫っている色褪せた緑の刺青があった。私はまた彼をやはりアメリカ人だと思った，例え，ハバナは英語を話す白人が自動的にカナダのどこ出身かと問われる地上の唯一の場所ではあるけれども）

「…を…だと思う」の表現は「take 〜 for 〜」であるはず。「make 〜 for 〜」は英文を書いた著者の思い違いか，あるいは既に一般化している新しい表現であろう。

次も同様。

We all know that from every polling data … [But] *in all due respect* to the Democrats, I have yet to hear a specific. (*Time*)

（我々は皆全ての世論調査データからそのことを知っている…「しかし」民主党員には申し訳ないが，これから詳細を聞かなくてはならない）

上例の in all due respect は従来では with all due respect であり「…には失礼だが」「…には敬意を払いますが」の意味になる。まだ辞書に掲載されていないが，近年は in all due respect もふつうになっている。

次も前置詞の新表現。

Required experience and competencies: (a) assisting the conduct of negotiations in the areas of the Division's competence (b) overseeing and contributing to the Division's technical cooperation and capacity building activities *under the Division's purview* (*The Economist*)
（必須経験と能力：(a) 部権限領域内での交渉行為の補助 (b) 部権限内の技術協力と能力育成活動の監督及び貢献）

◆引用文はWTO（= World Trade Organizationの知的所有権部の責任者を公募する文の一部である。Divisionは知的所有権部を指す。

上の文で under the Division's purview は within the Division's purview のはずである。このように前置詞表現は如何様にも変化する可能性がある。

次も変化する前置詞の例である。

As a result certain personal priorities/pleasures in my life *fell to the wayside.* (*Cosmopolitan*)
（その結果私の人生の個人的な最優先課題／楽しみは途中でなくなってしまった）

The opposition DPP invited him to Taiwan in order to *put Ma in a spot* — he'd be damned by his own people as a mainland lackey if he did not okay the visit and condemned by Beijing if he did. (*Time*)

(反対党の民主進歩党は馬氏を困らせるために彼を台湾に招待したが,馬氏は訪問を許可しなければ中国本土の従僕として国民に罵られるだろうし,許可すれば北京政府から非難されるであろう)

◆DPP は台湾野党の Democratic Progressive Party のこと。him は Dalai Lama(ダライラマ)のこと。

前者の例文で「途中でなくなる」は fall by the wayside という。本文のように fall to the wayside は新しい表現である。後者の例文で「…を困らせる」は「put ~ on the spot」である。本文では「put ~ in a spot」になっている。前置詞はこのように時代に応じて自由に変化する可能性がある。

次に,「call for + 目的語 + to 不定詞」(〜に…することを要求する)について考えていこう。一般の英和辞書にはあまり掲載されていない表現であるが,例えば『ジーニアス英和辞典・第4版』(大修館書店)は call の項で例のみ掲載している。説明はない。

call for him to check it(彼にそれを調べるように求める)

「call for + 目的語 + to 不定詞」の実例を見ていこう。

The paper *calls for action* in rural areas *to "maintain regional cohesion"*. (*The Economist*)
(その新聞は地域の連帯を維持するために農村地域での行

動を要求している)

But the latest draft also *calls for* the *EU to contribute* to "global food balances" in a world that may need to double agricultural production by 2050. (*The Economist*)
(最近の草案では2050年までに農業生産を2倍にする必要があるかもしれない世界において「地球規模の食料バランス」に貢献するようEUに要求もしている)

"We don't need any fare increases and we don't need our transit system ravaged either," he told the board and *called for* the subway and bus *fare to be reduced* to $1 (half what it is today), to help the unemployed.

(*The Guardian Weekly*)
(「我々には運賃の値上げは必要ないし,輸送システムが損なわれるのも望まない」と彼は役員会で言い,地下鉄とバスの運賃が失業者を助けるために1ドル(今日の半分)に値下げするように要求した)

第1例では「call for + 目的語 + to不定詞」の文型は認められない。何故なら The paper calls for action (その新聞は行動を要求している) の意味で,「to不定詞」は副詞用法の目的を表す。すなわち action と to maintain が nexus (主語と述語の結合関係) になっていない。

後2者は「call for + 目的語 + to不定詞」の文型で目的語が「to不定詞」の意味上の主語になっている。つまり目的語と「to不定詞」が nexus になっている。

この表現は従来「call on＋目的語＋to 不定詞」の文型であったものである。「call for＋目的語＋to 不定詞」の文型はイギリスの辞書 *OALD, Macmillan School Dictionary*（2004），*Macmillan Phrasal Verbs plus*（2005），*LDOCE，LED，Collins Cobuild Advanced Learner's English Dictonary*（2006）すべての辞書に掲載されていない。アメリカの辞書 *Random House Webster's Dictionary of American English*（以降 *WDAE* と略記する），*CCADAE，AHD* すべてに掲載されていない。

　今日では「call on＋目的語＋to 不定詞」はやや使い古された表現であるゆえ「call for＋目的語＋to 不定詞」の表現が取って代わる前兆かもしれない。この変化の過程が次の例文に見える。

King *calls for banks to be* broken up in overhaul
MERVYN KING has lauced his fiercest attack yet on the banking industry, indicating that high street banks could and should be separated from their risky investment banking wings and *calling for* an overhaul of the financial systems structure.（*The Telegraph*）
（キングは銀行が改革の際分割されるよう要求している。メルビン・キングは銀行業界にこれまでに最も強烈な攻撃をしかけ，市中銀行はリスクの多い投資銀行部門を切り離すことが可能であるし，すべきであると指摘している，さらに，財政組織構造の改善を要求している）

◆前半文は新聞の見出しであるからピリオドを打っていない。後半文は記事の最初の文ゆえ人名が大文字。Mervyn King はイギリスの中央銀行であるイングランド銀行の総裁。

前半文では banks と to be broken up が nexus になっている。後半文では従来型の文型「call for + 目的語」の構造,つまり従来型の構造に加えて「従来型の構造 + nexus になり得る to 不定詞」の文型を新たに作り上げた。今日ではますます一般化しつつある。

このように,特定のイディオムなどで,前置詞が多様に使われていることが見てとれる。このような変化はこれからも起こり得るだろう。

7.2　and と or が交換可能な例

接続詞 and と or の基本的な相違を述べておく。and は語・句・節を並列的に結んで加算・追加を表す。一方, or は語・句・節の選択・対照を表す。

しかし,接続詞 and と or の使用法が従来と異なる場合がある。

Obama embodies my generation's attitudes and aspirations, *for better and for worse*. (*Newsweek*)
(オバマ氏は私の世代の態度や願いを善かれ悪しかれ具体的に表現してくれる)

「てにをは」程度の相違ではあるが，上の文で for better and for worse は意味的に考えて対照を表すので，ふつうは for better or for worse である。しかし，将来 for better and for worse に代わらないという保証はない。いや既に for better and for worse に変化している。もう１つ，例を見よう。

The implications of $200 oil, *for better and worse*, are almost too large and diverse to imagine.（*Newsweek*）
（１バーレル当たり200ドルの原油予想は善かれ悪しかれ大幅すぎ，かつ多様すぎて想像できない）

この２例からわかるように「善かれ悪しかれ」はふつう for better or (for) worse であるが，for better and for worse あるいは for better and worse がすでに出現している。
　さらに接続詞 and と or の取り違え表現には逆の例もある。

The number of *dead or missing* climbed above 70,000, and 5m people were reported to be homeless.
（*The Economist*）
（死者及び行方不明者の数は70,000人を超え，そして５百万人が家を失ったと報告されている）
◆5m は five million を表すが，原文のまま掲載した。
The party has mobilised its own forces on a huge scale in response to the disaster on May 12th in the south-

第１章　拡大化・多様化に向かう変化　　87

western province of Sichuan, which has left more than 74,000 *dead or missing*, 247,000 injured and 5m homeless.
(*The Economist*)
(中国共産党は5月12日の四川省南西部での大惨事に応じて大規模に軍を移動させたが，その大地震は74,000人以上の死者及び行方不明者と247,000人の負傷者をだし，そして5百万人が家を失った)

両者とも，中国の四川省（the province of Sichuan）の大地震に関する記事であるが，「死者及び行方不明者」は dead and missing のはず。より正確に表現すれば the dead and the missing である。dead or missing ではどちらか一方で70,000人あるいは74,000人になってしまう。*LED* にも *the dead and injured/wounded/dying*（死傷者／死者及び負傷者／死者及び瀕死者）の項をあげ例文も記している。

Most of *the dead and injured had been passengers on the bus.*（死傷者の大半はバスの乗客であった）

しかし，現実には dead or missing がふつうの表現になっている。言い過ぎかも知れないが，and と or にある種の互換性が生じている。これも and や or の使い方に多様性が生まれてきていることを示すひとつの証拠だろう。

7.3 関係代名詞 that の非制限用法

次は古語表現の復活である。

関係代名詞 that には非制限用法（継続用法ともいう）はないというのが今日の英文法であるが，最近そのルールを破る現象が見られる。

She has been able to assert through this campaign that she has 35 years of experience, *that* makes her more qualified.（*Time*）
（彼女はこのキャンペーンを通して自分には35年の経験があると主張することができた，そしてそのことは彼女をさらに資格あるものにしている）

上の文で後者の that は関係代名詞の非制限用法である。なぜ関係代名詞 that には非制限用法が存在しないというのか。この問いに答えられる人もそう多くはない。

答えは単純明解で，並列（並位ともいう，英語で parataxis）構造になっているから。並列とは先にも述べたが，接続詞なしで節を並べることを指す。本来は，節を2つ以上並列するには接続詞が必要である。並列は言語が未発達な状態では可能である。実際，英語の先祖であるといわれる低地ドイツ語では並列は数多く見受けられる。しかし，論理性を重んじる傾向がある現在の英語では従属（従位ともいう，英語で hypotaxis）構造である必要がある。つまり，節が2つ以上ある場合，ある節は他の節に対して従属接続詞を使う従属関

係になるか，あるいは and や but のような等位接続詞で結合される等位関係でなくてはならない。すなわち，上の文は

> She has been able to assert through this campaign that she has 35 years of experience, *and that* makes her more qualified.

でなくてはならない。しかし，この文は知識階級の読む *Time* 誌からの引用である。アメリカ英語で関係代名詞 that の非制限用法は一般化されているといっていいだろう。頻繁に見受けられる現象であるゆえ，いずれイギリス英語でも一般化あるいは標準英語化されるかもしれない。かつて以下のようにふつうに許容されていたように。

> Seem as you would give, but be like a barren field, *that* yields little. (Ben Johnson)
> (与えるぞといわんばかりの様子をして，しかもほとんど何も与えてくれない不毛の畑のようでありなさい)
> He went home talking to himself and to the moon, *that* was very high and small. (D. H. Lawrence)
> (彼は自らに，そして月に話かけながら家に帰った，月は高く，小さかった)
> For a month, two months, the Chicago newspapers, *that* are delivered every morning in our village, have been filled with the story of a murder. (Sherwood Anderson)

（シカゴの各新聞は我々の村に毎朝配達されていたが，1,2ヶ月の間はある殺人事件の話でもちきりだった）

Many of the Old French words for fruits and vegetables, *that* were later borrowed into English, came from Latin and Greek, along with their cultivation, when Gaul became a Roman province. (Suan T. Tripp)

（果物や野菜に関する古フランス語の多くの語は，後に英語に借用されたが，ゴールの地がローマの領地になったとき，連中の農耕と共にラテン語やギリシャ語から入ってきた）

　前2者は古いイギリス英語であり，後2者はアメリカ英語である。かつて英語で廃語用法になっていた関係代名詞 that の非制限用法が復活したのである。関係代名詞 that の非制限用法は何に由来するのであろうか。関係代名詞 that はドイツ語の das，低地ドイツ語の dat あるいは datt に相当するが，両言語では今日でもその前にコンマを打つ。つまり，英語でいう非制限用法である。このことが原因であるかもしれない。

　ここで見てきた事例は関係代名詞 that の用法が多様化していることを示す証拠となるものだが，かつての英語に存在した表現が現在になって，再び使われるようになりつつあるという事実は非常に興味深い。

第 2 章
簡略化・省略化に向かう変化

　第1章で見た，拡大化・多様化の変化はあるひとつのルールを他の事項にもあてはめようという発想から生まれるものだが，その一方で，英語に限ったことではないが，人間は言葉を話したり，書いたりする際に，なるべく少ない労力で行いたいという発想もある。その結果，表現が簡略化したり，一部省略されたりすることが起こる。そのような変化をこの章では扱う。

❶　主語や目的語の省略現象

　主語や目的語は英文を構成する上で重要な役割をはたす。特に主語は英文には不可欠なものとされる。その一方で，主語や目的語が本来なくてはいけないのに，落ちてしまう現象も散見される。そのような省略の可能性について考えてみたい。

1.1 主語の省略はどこまで可能か

日本語では文脈から意味の誤解が避けられる場合に主語は省略できる。他のヨーロッパ言語でも，例えば，スペイン語やイタリア語では動詞の語尾変化から主語は理解できるので省略可能である。英語は動詞の語尾変化が他のヨーロッパ言語に比較すると極端に少ない。従って，主語と補語あるいは目的語が判別できない場合もある。そこで英語は語順を大切にする。英語が語順言語といわれる由縁である。英語では原則的に主語の省略は許されない。

しかし，主語が明示されない現象も生じている。ただし，意味の誤解が避けられる場合に限られる。主語の省略は人称代名詞に多い。ここでは主語 I と非人称 it の省略について扱う。

1.1.1 主語 I の省略

次の場合において，略式表現では主語 I は省略されることがある。

What did you do with my book? ──
(I) Gave it to him.
「君は私の本をどうしたの」──
「(私は) 彼にあげました」

- ◆「君は？」と聞かれて答えは「私は」に決まっている。回答文の I は省略可能。

第 2 章　簡略化・省略化に向かう変化　　93

さらに wonder は次の文のように wonder の後に質問節がくる場合，主語 I は省略されることがある。

(I) Wonder why he went there.
(なぜ彼がそこへ行ったのか不思議だ)

この他に以下のように主語が I であることが自明のときは，主語 I は省略される。

(I) Beg your Pardon?（(私は) ごめんなさい）
(I) Say, do you know who he is?
(おい，彼が誰だか知ってるかい)

1.1.2 非人称 it の省略

非人称の it が主語のときに省略されることがある。

Looks like rain.（雨もように見える）
◆イギリス英語では like は省く。

Looks like Washington's new best friends are going to be a lot like old ones.（*Newsweek*）
(アメリカ政府の新たな最善の友人は古い友人によく似ているように見える)

◆ looks は it looks の it が省略されたものである。しかし，まるで文修飾の副詞のように見える。

Seems George W. Bush, in his last days, is determined to

strip the Axis of Evil of another charter member.

(*Newsweek*)

(ジョージ W. ブッシュは彼の任期の最後には悪の枢軸という名称をもう1つの創立メンバーから取り除く決心をしているように見える)

◆ seems は it seems の省略されたものである。しかし,まるで文修飾の副詞のように見える。

Turns out, a first name and Chinese heritage aren't the only things the 3-year-olds have in common.（AP 電）
(結局分かったことだが,ファーストネームと中国生まれであることだけが3歳の子たちが共通に持っている唯一のことではなかった)

◆ turns out は it turns out の省略されたものである。前二者の例と少し異なり,it turns out that ～構文の it が非人称の it かどうかは疑問も残る。しかし,turn out はまるで文修飾の副詞句のようにみえる。

Turns out Baron Cohen is not a star.（*Time*）
(バロン・コーエンはスターでないことが分かる)

◆ turn out の次にコンマを置かないこともある。

　主語の省略は意味の誤解が生じない限り,今後も増える傾向にある。言語は意味の誤解が起こらないと判断される場合は,なるべく少ない語数で表現するほうが効果的であるから。

1.2　目的語の省略はどこまで可能か

次に目的語の省略の可能性について考える。ここでは一般的な目的語だけではなく，形式目的語の省略現象についても触れていきたい。

1.2.1　他動詞の目的語の省略

他動詞の目的語が省略されると自動詞になるのがふつうである。しかし，現実に他動詞の用法しかないのに目的語が欠落する場合がある。

> He is an American as you *know*.
> (彼はアメリカ人である，君が知っての通り)
> I want every American to know this: We will *rebuild*, we will recover, and the United States of America will emerge stronger than before. (Barack Obama)
> (私は全アメリカ人に知って欲しい：我々は再建し，立ち直る，そしてアメリカ合衆国は以前よりより強くなって登場する)
> ◆2009年2月24日の大統領初の施政方針演説から引用。

前者に関して

He is an American, as you know.

のように as の前にコンマがあれば as は関係代名詞であり

know の目的語は as である。従って know は他動詞。しかし，慣用的にコンマを省くことがある。この場合，as は関係代名詞でなく，単なる接続詞になる。すると接続詞により文が分断されるため，know は何を「知っている」のか理解できなくなる。従って know は know it の意味でなくてはならない。つまり目的語がないので「そのことを知っている」という意味の目的語を含む自動詞になる。

後者についても rebuild は他動詞であるが，ここでは目的語が欠落しているので，自動詞としか解釈できない。従って，何を rebuild するのか理解できない。当然「アメリカを再建する」の意味で rebuild the United States の意味である。前後関係から自明の際は目的語が省略されることもある。本引用例はアメリカ大統領の言である。格調高い演説であるが，本来の rebuild は目的語をとるか，受動態で用いられてきた。しかし，この用法はアメリカ人には何の問題もない用法になっている。

1.2.2 形式上の目的語 it の省略

次の例を見てみよう。

We *take it for granted that they will get married.*
（我々は彼らが結婚するのを当然だとみなしている）
We *take for granted that they will get married.*
（我々は彼らが結婚するのを当然だとみなしている）

第 2 章 簡略化・省略化に向かう変化

前者は正式表現, 後者は take の目的語 it を省略している。接続詞 that を省略してもいいが, 略式表現である。
　次の文も目的語 it は省略可能。

I would like to *make it clear that he pretended to be ill.*
(私は彼が仮病を使ったのを明確にしたい)

次は目的語 it が省略された例である。

Powel *made clear that a U.S. plan for reforming the Palestinian security forces would be a theme of his talks.*
(Reuters 電)
(パウエル氏はアメリカのパレスチナ警備隊の改革案が彼の話のテーマになるだろうと明確にした)
They also *made clear that the governance of global financial institutions must change.* (*The Economist*)
(彼らは世界的な規模の財政機構による管理が変化しなくてはならないということを明確にした)
Annabel Goldie, leader of the Scottish Conservatives, said : "I want to *make clear that the decision to release Mr. Megrahi was not done in the name of Scotland.*"
(*Newsweek*)
(スコットランド保守党の党首であるアナベル・ゴールディーは「私はメグラヒ氏を解放するという決定はスコットランドの名においてはなされなかったことを明確にした

い」と語った)

　すなわち，本来なら「make it clear + that 節」の型であるべき表現が，既に「make clear + that 節」で登場している。アメリカ英語でもイギリス英語においても。
　まだある。

His comment did not *make explicit whether he thought the IRA should start destroying weapons or not.*
　　　　　　　　　　　　　　　　　　　　　　　(Reuters 電)
(彼のコメントは IRA が武器の破壊を始めるべきだと彼が考えているか否かを明白にしなかった)
◆ IRA は Irish Republican Army (アイルランド共和国軍) のことで北アイルランドの独立を望む勢力。

　以上の例から「make + 仮の目的語 it + 形容詞 + that 節や whether 節など」の文型において，略式表現では「仮の目的語 it」は省略傾向にあるといえる。つまり，今日では慣用表現とされるものの中にある仮の目的語 it の省略表現が将来の英語には頻出する可能性がある。

❷ 名詞や冠詞，数詞の省略化・簡略化現象

　ここでは，名詞や冠詞，数詞に関して省略化・簡略化の傾向にある変化を見ていく。

2.1　消える定冠詞・不定冠詞

　ヨーロッパ言語の名詞にはすべて文法上の性（gender）がある。そして，ヨーロッパ言語が発生した段階では，名詞に冠詞がつくことは今日よりはるかに多かった。しかし，現代英語では冠詞が省略される事態が多く生じている。例えば

　I go to *school.*（私は学校へ行く）

の school は無冠詞。そして，勉強以外で「学校へ行く」は

　I go to *the school.*

という。つまり，建築物が本来の目的に使用される時は無冠詞，それ以外の時は定冠詞をつける。ドイツ語やフランス語では全てに定冠詞がつく。

　しかし，アメリカ英語では「私は病院に行く」は治療目的でも，見舞い目的でも

　I go to *the hospital.*

である。矛盾した用法であるが，アメリカ英語はドイツ語やフランス語などのヨーロッパ言語の特性を残し，名詞に冠詞をつける習慣を遵守しているにすぎない。特に hospital はフランス語からの移入で14世紀に英語化したが「病院」の意味になったのは15世紀あるいは16世紀である。従って，フラン

ス語の習慣に則り、かつ文法の整備が遅れたアメリカ英語では the が残っている。

次の英語はどうか。いずれも「彼の先生は辞めるという噂がある」の意味である。

There is *a rumor* that his teacher is leaving.
The rumor is that his teacher is leaving.
Rumor says that his teacher is leaving.
Rumor has it that his teacher is leaving.

前2者の rumor には冠詞があり、後2者は無冠詞。前2者が正式用法、後2者は慣用用法といわざるを得ない。同様の慣用用法をあげる。特に最後の例の「主語 + has it that 〜」の構文の時は主語は全て無冠詞である。理由として考えられるのは重点が that 以下の内容に移り主語を軽く考えるからではなかろうか。

Gossip has it that his teacher is leaving.
（彼の先生は辞めるというもっぱらの噂がある）
Legend has it that undershirt sales dropped 75% that year.（*Time*）
（言い伝えによるとシャツの売上はその年75パーセント落ちたそうだ）
Conventional wisdom has it that Italy's economy is failing, in part because it cannot produce corporations big

enough to compete internationally.（*The Economist*）
（従来からの知識によれば一部には国際的に競争できるほどの大企業を作ることが不可能ゆえにイタリア経済は低下の一途をたどっているといわれている）

◆主語に形容詞がつき主語の重要性が増しているにもかかわらず無冠詞。

もう一つ，別の例をあげる。

The fact is that I cannot drive.
（事実は私が運転できないということです）

この表現のように「the ＋主として抽象概念を持つ名詞＋ be 動詞＋ that 節」の型の文はよく使われる。この補語節を導く接続詞 that は省略されて

The fact is I cannot drive.

となることがあるのは当然である。
　しかし，略式表現，特に話し言葉で that を省略する場合，be 動詞と補語節の間では一呼吸置くのがふつうである。それを表現すると

The fact is, I cannot drive.

になる。ところが，さらにくだけた表現では

Fact is, I cannot drive.

と定冠詞が落ちることさえある。
　このような「the + 主として抽象概念を持つ名詞 + be 動詞 + that 節」の型の例は他にもある。

The thing is that I am tired.
（問題は私が疲れていることです）
The rumor is that his teacher is leaving.
（噂では彼の先生は辞めるそうです）

他にどのような主語がくるか見てみよう。

The point is that 〜（ポイントは…だ）
The problem is that 〜（問題は…だ）
The rule is that 〜（規則では…だ）
The trouble is that 〜（問題は…だ）
The truth is that 〜（真実は…だ）
The rub is that 〜（困ったことに…だ）

　これらの文は形態上の様々な変化を経て、最終的には定冠詞 the の省略へと発展する。以下、「the + 主として抽象概念を持つ名詞 + be 動詞 + コンマ + 節」の型の実例をあげる。上の型に比較すれば略式表現、あるいは口語表現である。

The horror is, I can't opt out.（*Time*)
(恐ろしいことに私は身を引くことができないのだ)
The problem was, strange things often happened around Harry and it was just no good telling the Dursleys he didn't make them happen.（*Harry Potter*)
(問題は奇妙なことがハリーの周りに度々生じたことであり，そして彼がそれらを起こさせないようダーズリー家の人々に言おうとしても無駄でしかなかった)

補語である that 節の代わりに接続詞 whether を使うこともある。

The question is, whether he can do it.
(問題は彼がそれをできるかどうかである)

さらに補語部分を疑問文で表す場合や，コロンを使う表現もある。

And *the question is, how do you adjust to not being able to do some of these things that are incredibly important to you?*（*The New Yorker*)
(問題は君にとって信じられないくらい重要なこれらの事のいくつかができないように自分をいかに順応させるかである)
The question is, is he telling the truth?

（『ジーニアス英和辞典・第4版』（大修館書店））
(問題は彼が本当のことを話しているかどうかだ)
The only question is:What was the most effective way for him to marshal his energies?（*The New Yorker*）
(唯一の問題は彼が自分のエネルギーを管理するために何が最も効果的な方法かを知ることである)

　最後の例は主語に形容詞 only がつく場合であるが，他の形容詞がつくこともある。さらに，定冠詞の代わりに人称代名詞がくることもある。

The good news is, I'm alive.（*National Geographic*）
(良い知らせは私が生きていることである)
My point is, you should get up early in the morning.
　　　　　（『ジーニアス英和辞典・第4版』（大修館書店））
(私の言いたいことは，君はもっと早起きすべきだということだ)

以上あげた例はすべて主語が単数であるが，主語が複数の場合もある。

The chances are that he will be elected.
　　　　　　　（『ジーニアス英和大辞典』（大修館書店））
(彼が選出される見込みは十分にある)
The odds are that, however limited the group's capability,

somebody will fill Cherokee's shoes.（*The Economist*）
（グループの能力がいかに限定的であろうと，多分誰かがチェロキーの後がまに座るだろう）

◆チェロキーとはバスク地方独立運動の指導者 Garikoitz Aspiazu のニックネーム。

以上「the＋主として抽象概念を持つ名詞＋be 動詞＋that 節」の型とその変型を見てきたが，ここでも主語の定冠詞が落ちる現象が見られる。例をあげる。

Trouble is, they mustn't be seen carrying an illegal dragon.（*Harry Potter*）
（困ったことに彼らは不法の竜を運搬しているのを見られてはならないのだ）

Only thing is, I don't like anything competing with the bulge I already have in my pants.（*Esquire*）
（たったひとつ私が気に入らないことはズボンの中に既に入っているふくらみと競合するものを気に入らないことである）

Chances are they'll be out when we call.
（恐らく我々が電話するときには，彼らは外出しているでしょう）

If your ex couldn't give you what you needed, then *odds are, he can't do it now either.*（*Cosmopolitan*）
（もしもあなたの前の恋人があなたの必要なものを与えて

くれることができなかったなら、今もそれができない確率は高い）

このように定冠詞が脱落する傾向は現代英語の特徴と関連する。つまり、現代英語では定冠詞の欠落は盛んに行われている。また、不定冠詞が脱落する場合もある。

And *part of it was, there's a natural cycle on the coverage of these campaigns.* (*Time*)
（そして、その一部として、このキャンペーンの内容に関係する自然サイクルが存在する）

結論として言えることは、先にあげた The point is that ～, The problem is that ～などの構文すべてが画一的に that の省略や the の省略が生じるかどうかは不明だが、口語では、その方向に向いているのは間違いない。

最後に定冠詞 the が消滅する典型的な例をあげる。以下の例は87ページでも紹介したものだが、斜字体部分は本来 the dead or the missing のはずである。いずれは日常の英語にも浸透するのではなかろうか。

The number of *dead or missing* climbed above 70,000 and 5 m people were reported to be homeless. (*The Economist*)
（死者及び行方不明者の数は70,000人を越え、そして5百万人が家を失ったと報告されている）

いずれにせよ，長い目で見ると英語の冠詞は省略の傾向にあるのは否定できない。他のヨーロッパ言語においても同様の傾向はあるが。

2.2 名詞の単数と複数

英語の名詞は日本語と異なり単数形と複数形がある。単数形から複数形を作るには原則として単数形に -s または -es をつければいい。そして，複数形はフランス語に由来すると考える人が多い。

実際，フランス語では形の上で確かに単数形に -s をつければいい場合もある。例えば次のように。

単数形	複数形
livre（本）	livres
main（手）	mains

しかし，複数形でも -s 発音はされない。一方，英語の先祖といわれる低地ドイツ語では次のように，複数形に /s/ あるいは /z/ の音が聞こえる。

単数形	複数形
Daler（ダーラー）	Dalers
Hoken（釘）	Hokens
Nadel（針）	Nadels

◆上の表の Daler は標準ドイツ語では Taler である。18世紀半ばまで流通したドイツの銀貨。アメリカの dollar の語源にもなっている。

ドイツ北部出身の作家トーマス・マン（Thomas Mann）の作品に *Buddenbrooks*（ブデンブロークス：邦題『ブデンブローク家の人々』）がある。つまり，複数形を作るのに元々 -s をつける習慣があったことを物語っている。

すなわち，英語において -s または -es をつけて規則的に複数形を作る方法は，大方の人が考えるフランス語の影響だけではないだろう。低地ドイツ語が強く関係すると考えるのが自然ではないか。

英語にはさらに外来語の複数形がある。次の文を見よう。

Despite scattered courses in product design and development, most B-school *curriculums* still focus on analytical courses ─ accounting, marketing, and finance.

（*BusinessWeek*）

（製品デザインや製品開発のコースが散らばっているにもかかわらず，大半のビジネススクールのカリキュラムは依然として会計学，マーケティング，ファイナンスなどの分析的コースに照準を合わせている）

文中の curriculum の複数形は curricula ではないかと思う人もいるかもしれない。curriculum は元々ラテン語由来で「経歴」の意味である。外来語の複数は -s や -es をつけずに

第2章 簡略化・省略化に向かう変化　109

独自の複数形を作るはずだ。しかし curriculums になっている。最近はこのように英語従来の複数形の作り方に倣う外来語が多くなっている。以下例をあげる。

	外来語型複数形	英語型複数形
appendix（虫垂）	appendices	appendixes
criterion（基準）	criteria	criterions
enigma（なぞ）	enigta	enigmas
femur（大腿骨）	femora	femurs
fungus（菌類）	fungi	funguses
hiatus（休憩時間）	hiatus	hiatuses
isthmus（地峡）	isthmi	isthmuses
libretto（台本）	libretti	librettos
millennium（千年祭）	millenia	millenniums
nebula（星雲）	nebulae	nebulas
opus（音楽作品）	opera	opuses
plateau（高原）	plateaux	plateaus
radius（半径）	radii	radiuses
sacrum（仙骨）	sacra	sacrums
stratum（階層）	strata	stratums

　従来の外来語型複数形に加えて英語型複数形をもつようになりつつある，つまり2つの複数形をもちつつあるのが現実。言い換えれば，外来語の英語化が進んでいる。また librettos

のように英語化が進んでいるとはいうものの略式表現でしか使用されないものもあるが，いずれ正式表現に採用されるかもしれない。つまり，今日でも外来語型複数形は正式の文章や改まった文章では使用されるが，英語型複数形は日常の文章や口語表現で多く使用される。いつの日にか英語型複数形は外来語型複数形に取って代わるようになると推測できる。

さらに次のこともある。

The *data has* been gathered from them.
(データは彼らから集められた)

文の主語 data は元来ラテン語由来の語で「与えられたもの」の意味。そして datum の複数形である。しかし，今日では単数形に使用される。複数形が単数扱いされるのが標準語法として成立している。近い将来 datas なる複数形が登場する，あるいは既に登場しているかもしれない。

以上のように，本来は -s をつけて複数形にしない名詞も，-s をつけることで複数形にしてしまうという簡略化現象が起きているのである。

2.3　名詞の性

名詞の性は男性 (masculine gender)，女性 (feminine gender)，中性 (neuter gender)，通性 (common gender) の区別があるが，文法上の問題は少ない。ドイツ語あるいはフランス語では文法上の性 (gender) は重要であるが，今

日の英語では文法上の問題というより造語法や語彙の問題である。

性を表す方法には次の（A）（B）（C）の3つがある。

（A）語源的に無関係の語を使う場合

男性形	女性形
father（父）	mother（母）
king（王）	queen（女王）

（B）語尾の変化による場合

男性形	女性形
actor（男優）	actress（女優）
prince（王子）	princess（王女）

ただし（B）については注意すべきものに次がある。

男性形	女性形
lover（男の恋人）	love（女の恋人）
doctor（男の医者）	doctress（女の医者）
blond（男の金髪の人）	blonde（女の金髪の人）
brunet（男で髪が黒褐色の人）	brunette（女で髪が黒褐色の人）

◆1つ目の例について，近年は He is my love.（彼は私の恋人です）の

ように女性形 love を男性に対しても使う。

◆2つ目の例の doctress だが，今日では女性形 doctress はほとんど使わない。ふつう woman-doctor という。*OED* に次の記述がある。Now only used when sex is emphasized ; in which case also *woman-doctor, lady-doctor*, are more common.（今では性が強調されるときのみ使用される，その場合 woman-doctor や lady-doctor のほうがよりふつう）の説明があり，最終出典は1882年になっている。フランス語では今でも doctoresse（英語の doctress に相当する）を使う。ただし，ふつうは docteur（英語の doctor に相当する）を使う。

◆3つ目の例の blonde，4つ目の例の brunette について，男女平等の立場から男女ともにそれぞれ blond, brunet を用いる傾向が強くなっている。元々フランス語からの移入語で，フランス語では今でも男女の区別がある。

（C）名詞に男女の名詞あるいは代名詞を加える場合

男性形	女性形
he-goat（雄やぎ）	she-goat（雌やぎ）
servant-man（召使）	servant-woman（女中）
chairman（男の議長）	chairwoman（女の議長）
spokesman（男の代弁者）	spokeswoman（女の代弁者）

◆後2者については男女平等の立場から最近では男女の区別なしにそれぞれ，chairperson, spokesperson が使用される。これと同様の例として他に anchorperson（ニュースキャスター），newspaperperson（新聞記者）などがある。

第2章 簡略化・省略化に向かう変化

さらに次の例もある。

Thomas Jefferson, Esq.（トーマス・ジェファーソン殿）
◆弁護士への手紙で相手の姓名のあとに用いる。弁護士以外は Mr. を使う。
Elizabeth Jefferson, Esq.（エリザベス・ジェファーソン殿）
◆最近は女性弁護士への手紙でも使う。

いずれにせよ，以上すべての表現は男女差別をなくそうとする努力の一環であり，性の区別をなくすことで語彙を簡略化するひとつの表れだといえる。この傾向は今後ますます強くなるであろう。

2.4　新しい数表現

数に関する表現は他の表現に比較すると従来から変化は少ない。なぜなら数の表現は人々の生活と深い関係にあり，日常的に変化すれば生活が混乱する恐れがある。

とはいえ，数を含む表現は時代と共に変化することもある。ここでは，省略に焦点を当てて，例を見ていきたい。

Saddam's 1988 crackdown on Kurdish rebels left *thousands* dead.（*Time*）
（サダム・フセインの1988年におけるクルド人への弾圧は何千人もの人達を死なせた）
Hundreds are prosecuted for criticizing American

participation in the first world war. (*The Economist*)
(何百人の人が第一次世界大戦にアメリカが参戦したのを批判して起訴された)

　前者はアメリカ英語,後者はイギリス英語であるが,共に数字だけを記している。しかし,前後関係から前者は thousands of Kurds(何千というクルド人)あるいは thousands of people(何千という人々),後者は hundreds of people(何百という人々)の省略形であることがわかる。不要な表現は省きたいという意識が,特に新聞や雑誌のように迅速性と明瞭性を同時に重視する世界においては生まれやすい。
　次もある種の省略である。

At the medals ceremony for his *200* win in Berlin ― the city where Jesse Owens buried Nazi visions of Aryan superiority at the 1936 Olympics ― the Germans sang "Happy Birthday" to Bolt. (*Time*)
(ベルリン―ジェス・オーエンが1936年のオリンピック大会で非ユダヤ系白人の優越性に関するナチの見解を葬った町―で200メートル競走の勝利者メダル授与式でドイツ人はボルトの誕生日を祝福する歌を歌った)
Professor McGonagall showed the *first-years* into a small empty chamber off the hall. (*Harry Potter*)
(マックゴナマル先生はホールから離れた小さな誰もいな

第2章　簡略化・省略化に向かう変化　115

い部屋へと一年生達を案内した）

　前者はアメリカ英語，後者はイギリス英語であるが，共に数字だけを記している。しかし，前後関係あるいは常識から前者は「200メートル」，後者は「一年生達」であることが理解できる。
　以上4例を引用した目的は周囲の状況から容易に理解できる時は数字だけで名詞の代用が可能であることを示すためである。
　次の例も前後関係から理解できる場合の数字表現である。

The numbers are also on a wholly different scale from the immigration of the *20s* and *30s.*
　　　　　　　　　　　　(*U.S.News and World Report*)
（その数は20年代及び30年代の移民とは規模においても全く異なる）

　引用文の20s及び30sは20世紀の20年代及び30年代の意味である。今は21世紀初頭であり，21世紀の20年代，30年代はまだきていない。従って前後関係から理解できるときは必要ないが，明確でない場合は

The numbers are also on a wholly different scale from the immigration of the 20s and 30s in the twentieth century.

（その数は20世紀の20年代及び30年代の移民とは規模においても全く異なる）

のように明確に表現すべきである。

最後に「…年代」の表現変化を紹介する。

Only the late *'70s*, after Cambodian and Vietnamese boat people brought out tales of butchery, did they experience a crisis of conscience.（*Newsweek*）
（カンボジアとベトナムのボートピープル難民が殺戮の話を持ち出した後の70年代後半になってようやく，彼らは良心の危機を経験した）

例えば，「1970年代」は1970'sと表現するが，最近は1970sとアポストロフィをつけない。さらに1900を省いて '70sとする。より簡潔に表現するには前例のように単に20sや30sとアポストロフィをつけない。ちなみに2000年代はイギリスではnaughtiesがよく使われているようである。アメリカではthe Zeros, the double-Ohs, the Two Thousandsなどが用いられている。

次は年齢表現。以下の2つの例文はどちらも「彼は75歳で亡くなった」の意味を表す。

He died *at age 75*.
He died *at the age of 75*.

第2章　簡略化・省略化に向かう変化　　117

正式表現は後者であるが，前者のように at age 75 で充分理解できる。意思の伝達は可能な限り少ない言葉でするのが有益である。

❸ 形容詞による文修飾

　形容詞を用いて「…ということは〜である」という表現をする場合，「It is 〜 that …」のように形式主語を用い，かつ"〜"の位置に形容詞を置いて that 以下全体の描写を表現する。また形容詞を副詞化して文全体を修飾することもある。しかし，文頭に形容詞とコンマを置いて，その後に文を続けるという，形容詞が文全体を修飾するような表現も少なからず見られる。ここでは，そのような事例を見ながら，形容詞が関係した，英語の省略表現を考えたい。

3.1　独立不定詞中の形容詞による文修飾

　次の文の形容詞 curious は形容詞でありながら文修飾の役割をはたしている。

Curious, Don and 20 of his relatives each sent a vial of blood to the Cleveland Clinic, where the research was being conducted.（*National Geographic*）
（奇妙なことに，ドンと彼の親類の20人はそれぞれが血液の入った小瓶をクリーブランド・クリニックに送った，そ

して，そこでは研究が行われていた）

この文は，本来なら

Curiously (*enough*) Don and 20 of his relatives each sent a vial of blood to the Cleveland Clinic, where the research was being conducted.

のように文修飾の場合は形容詞 curious でなく副詞 curiously である（上の文では enough が後ろにあるが，必ずしも必要ではない）。また，その結果として

It is curious that Don and 20 of his relatives each sent a vial of blood to the Cleveland Clinic, where the research was being conducted.

のような書き換えができるはずである。
　ではなぜ形容詞が文修飾になり得るか。答えは独立不定詞中の形容詞であるから。すなわち

Curious (to say), Don and 20 of his relatives each sent a vial of blood to the Cleveland Clinic, where the research was being conducted.

の括弧内省略である。

次の2つの例も同様である。どちらも「こんなところで出会うなんて不思議ですね」という意味である。

Strange, we should meet here.
It is strange that we should meet here.

前者を後者の例文の It is と that の省略と考えるむきもあるが厳密にはそうではない。もし，そうならコンマは不要である。ここでは文修飾 strangely を使って

Strangely (*enough*) we should meet here.

であるべきだ（curiously の例と同様に enough は必ずしも必要ではない）。文修飾の strange は次のコンマで区切られているから，一つの独立した語句と考えるべきである。つまり，

Strange (to say), we should meet here.

の括弧内省略と考えるべき。つまり，独立不定詞中の形容詞 strange である。

ただし，独立不定詞に存在する全ての形容詞が文修飾になっているわけでもない。例えば needless to say の needless は文修飾には現在の英語ではなり得ない。将来は容認される可能性があるかもしれないが。

3.2 比較級・最上級の形容詞による文修飾

次の例も形容詞が文修飾になる例である。

Most important, they had to pay a heavy tax, called the *jizya*.(*The New Yorker*)
(最も重要なことは彼らがジジャといわれる重税を払わなくてはならないことであった)
More important, the mayor is at the mercy of the same market forces that account for London's rise.

(*Newsweek*)

(より重要なことは市長はロンドンの値上がりの原因となっている同じ市場の力のなすがままになっているということである)

両者共に形容詞の最上級と比較級が文を修飾している。この表現は関係代名詞 what の慣用用法から生じたものである。つまり

(What is) *Most important*, they had to pay a heavy tax, called the *jizya*.
(What is) *More important*, the mayor is at the mercy of the same market forces that account for London's rise.

の括弧内を省略したものである。

当然ながら，文副詞として most importantly や more importantly が使われることもある。1例だけあげる。

Even *more importantly*, Ma rejects the possibility of negotiations with Beijin that touch upon Taiwan's political status or raise the issue of unification. (*Time*)
(さらにより重要なことは馬氏は台湾の政治的身分に触れたり，あるいは統合問題が生じる中国政府との交渉の可能性を拒否している)
◆馬は台湾政府の元首である総統。

さらに，bad の比較級 worse も同じような例がある。

Worse, Mr Aust was rude to his staff. (*The Economist*)
(さらに悪いことに，アウスト氏は自分のスタッフに対して粗野であった)

この文修飾の比較級の形容詞 worse は，やはり，関係代名詞 what の慣用表現から生じたものである。つまり

(What is) *Worse*, Mr Aust was rude to his staff.

の括弧内を省略したものである。
　以上，全てに共通しているのは関係代名詞 what の慣用的用法で最上級と比較級を使う方法である。
　しかし，この領域を逸脱する例も出始めている。

Most significant, foreign donors report no corruption, and in its World Governance Indicators released in July, the World Bank found Rwanda's government ranked among African's best, such as South Africa and Mauritius, scoring particularly well on control of graft.（*Time*）
（最も意義あることは，外国の臓器提供者は汚職はないと報告している，そして7月に発表された世界管理指針によると世界銀行はルアンダ政府が南アフリカやモーリシャスのようにアフリカの中で最良の国のひとつに位置づけられていて，特に移植管理では高得点を得ていることを認めている）

More worrying still, the two leading investigative reporters who exposed the scandal have been arrested, along with two former policemen who were among their sources, on vague charges of "abuse of power" and publishing false information.（*The Economist*）
（さらに困ったことに，スキャンダルを明らかにした2人の主たる調査報道記者がニュースソースであった2人の前警察官と共に「権力の濫用」と偽情報を公にしたという漠然とした嫌疑で逮捕された）

この例文の most significant 及び more worrying には what is most significant, what is more worrying のような関係代名詞の慣用表現はない。しかし，既述の関係代名詞の慣用表現に準じて形容詞が文修飾になっている例である。このような

表現が許されるなら他の more serious（さらに重大なことに），most serious（最も重大なことに），more remarkable（さらに注目すべき），most remarkable（最も注目すべき）などの形容詞も文修飾表現として用いられることになる。しかし，「善悪」「重要性」などを表す形容詞に限られるかもしれない。

　いずれにせよ，慣用表現の影響を受けて，what is の省略が起きた形容詞の文修飾表現は将来もますます使われていく可能性があると思われる。

3.3　「It + is + 形容詞 + that 節」中の形容詞による文修飾

「It + is + 形容詞 + that 節」の型における形容詞は原則的には文修飾にならないと述べてきた。しかし，現実には存在する。

True, the wounds cut deep here, *but* remember that Germany and France managed remarkable national reconciliations against similar odds. (*BusinessWeek*)
（なるほど傷は深いがドイツとフランスが同様の抵抗に対抗して国家間の注目すべき和解を成し遂げたことを思い出してください）

上の引用文は，本来は

It is true that the wounds cut deep here, *but* remember

that Germany and France managed remarkable national reconciliations against similar odds.

の文の省略形であり,「it is true 〜 , but 〜」の相関関係を有する構文が「true 〜 , but 〜」に代わったもので「なるほど…ではあるが,しかし…だ」の意味。単なる「it is true that 節」ではない。

また「true 〜 , but 〜」が別の文になり「True 〜 . But 〜 .」の型もある。

True, some center-left leaders like Blair can point to job creation and growth. *But* they managed only to manage, not change, their nations. (*Newsweek*)
(ブレアのような中道左派の指導者達の中には雇用の創出と拡大を示唆できる人もいる。しかし,彼らは国を変えようとしたのではなく国を何とかやりくりしただけだった)

さらに「true 〜 , but 〜」の型でなく「true 〜」だけの型もある。

True, Dudley was now so scared of Harry he wouldn't stay in the same room, while Aunt Petunia and Uncle Vernon didn't shut Harry in his cupboard, force him to do anything or shout at him ─ in fact, they didn't speak to him at all. (*Harry Potter*)

(なるほどダドリーは今やハリーを非常に怖がっていたので、彼は同じ部屋にいようとはしなかった、一方ペチュニア叔母さんとヴァーノン叔父さんはハリーを戸棚に閉じ込めたり、何かをさせようとしたり、怒鳴りつけたりはしなかった、―実際彼らは彼に全く話し掛けなかった)

相関語句で初めて形容詞が文修飾になる例が、単独で形容詞の文修飾になる。新たな形容詞による文修飾の誕生になり得る表現である。

以下の2つの例も同様である。どちらも「残念ながらマスコミが賛成しない」という意味である。

Too bad the press disagrees.（*Time*）
It is too bad that the press disagrees.

前者は後者の It is と that が省略された形である。too bad の形容詞句が文修飾になっている。

以上、慣用的な形容詞の文修飾を述べたが、徐々に形容詞の文修飾が一般化する素地はありそうだ。既にその例がある。当然口語文ではあるが。

Lucky they found Hagrid, don't you think?（*Harry Potter*）
(彼らがハグリッドを見つけ出したのは運がよかった、そう思わないかい)

本来なら引用文は

It is lucky they found Hagrid, don't you think?

の意味であろうから,文修飾にするには

Luckily they found Hagrid, don't you think?

のはず。しかし,形容詞 lucky は

They are lucky they found Hagrid.
It is lucky they found Hagrid.

の両文が可能なゆえに,その省略形と考えられて形容詞 lucky が文修飾となったのであろう。

　しかし,その素地は英語に本来備わっていた性質である。つまり,古期英語では形容詞に副詞語尾 -e をつけて副詞を作っていた。その後,中期英語の時代には -e が消失して副詞は形容詞と同形になった。さらにその後,原則的には「形容詞 + -ly」が副詞になるという形容詞と副詞の分化が起こっていった。ただし,この形容詞と副詞が同形である性質は今日でも英語の親類語であるドイツ語には厳然と残っている。

❹ 前置詞の省略表現

　英語での前置詞の省略現象についてはいろいろな側面から考察することができるが、ここでは次の観点から考える。すなわち、形容詞補語のように使用される場合の省略 (4.1)、名詞が副詞のように使用される場合の省略 (4.2)、前置詞が疑問節を目的語とする場合の省略 (4.3)、付帯状況 with の省略 (4.4)、アメリカ英語における前置詞の省略 (4.5)、その他の前置詞省略表現 (4.6) の6つである。

4.1　形容詞補語のように使用される場合の省略

　補語となっている名詞が形容詞補語のように使用される場合である。つまり

　He is my *age*.（彼は私の年齢です）

の文で my age が形容詞補語のように使用される例である。本来なら He = my age の関係はあり得ない。つまり of my age の省略形である。補語となる名詞が「年齢」「色」「大きさ」「高さ」「形状」「重さ」「有用性」などを表すとき、前置詞 of は省略可能。

　次は名詞が形容詞補語のように使用される場合ではなく形容詞の修飾の場合である。

　Urawa is the city the *size* of Omiya.

（浦和は大宮ぐらいの大きさの町だ）

the size of Omiya は <u>of</u> the size of Omiya の省略形であり，the size of Omiya は実質的に前置詞 of なしに the city を修飾する句になっており，機能としては形容詞句になっている。

　この種の省略は19世紀以降非常に多くなったといわれている。そしてこの傾向は将来も続くと思われる。

4.2　名詞が副詞のように使用される場合の省略

　名詞が副詞としての役割をはたし動詞・形容詞・副詞を修飾するときこれを副詞的目的格といい，前置詞は省略される。

He did not go to school *that day*.
（彼はその日学校へ行かなかった）

の文で副詞 that day は正確には <u>on</u> that day である。口語文では特に前置詞の省略が一般的である。元来は古期英語の対格に相当するので副詞的対格（adverbial accusative）という場合もある。古期英語から存在する特徴であるから，今後も継続されると思われる。ただし，正式表現の場合には前置詞を置くべきである。次はアメリカ大統領就任演説の中の文だが，前置詞がある。

On this day, we gather because we have chosen hope over fear, unity of purpose over conflict and discord.

(Barack Obama)
(この日という日に我々は恐怖より希望を，対立と不和より目的を共有することを選び，ここに集まった)

その他，*in* these days（最近）は in those days（当時）に対応する句であるが，近年は in these days when he is diligent（彼が真面目になった最近では）のように when 以下で限定する以外は in を省略して these days とする。それに対して in those days は一般に in を省略しない。

また次の文もある。どちらも「彼は日曜日にきた」という意味である。

He came *Sunday*.
He came *on Sunday*.

正式には後者であるが，新聞や雑誌の英語では前者を用いる。理由は副詞的目的格で十分意味が伝わるからである。この用法は将来ますます一般化するかもしれない。

4.3　前置詞が疑問節を目的語とする場合の省略

前置詞が疑問節を目的語とする時，前置詞は省略し得る。口語では前置詞の省略が一般的である。

I have no idea (*of*) where he lives.
（私は彼がどこに住んでいるのか分からない）

It depends (*on*) whether we have enough money.
(それは我々が十分なお金を持っているかにかかっている)

　前者を例に *OED* を参考に調べると idea の後に疑問節がくる例が３件掲載されているが，16世紀末に of が省略されていない例が１件ある。18世紀前半および半ばに of が省略されている例が２件ある。これだけの資料で断定はできないが，18世紀ころから前置詞の省略が始まったと推定されるかもしれない。すなわち省略が始まってから２世紀経ている。口語表現というよりふつうの表現になったといえよう。

4.4　付帯状況 with の省略

付帯状況を表す with の省略について述べる。

Tongue firmly *in cheek*, I suggested to Rigas that as Asprey had been through a number of owners and a merger, then a demerger, with Garrard, the best thing he could do was turn it into a shop where nothing cost more than a pound. (*Newsweek*)
(はっきりと皮肉を込めて私はリガスにアスプレーは数多くのオーナー変更とガラードとの合併さらには分割を経験してきたので，彼ができる最善のことは全てのものが１ポンド以下で買える店舗にすることだと言った)
◆Rigas は John Rigas のことでイギリスの豪華宝石店 Asprey のオーナー。

上の文で tongue in cheek は元来 have one's tongue in one's cheek の形で使い「冗談に言う」「皮肉に言う」の意味である。*LED* では with (your) tongue in (your) cheek の形で取り上げ if you say something with your tongue in your cheek の例文をあげ you say it as a joke「あなたは冗談にそれを言う」の訳をしている。アメリカの辞書 *WDAE* では (with) tongue in cheek を慣用句として with の欠落を認めている。例文として

His sarcasm and insults were all offered *tongue in cheek.*
（彼の皮肉と屈辱はすべて冗談に出された）

をあげている。
　結論として，イギリス英語では付帯状況の「with + 目的語 + 前置詞句」の扱いをし，アメリカ英語では慣用句扱いにしている。傾向とすれば今後は hand in hand「手を取り合って」，upside down「さかさまに」などと同様に with のない形の tongue in cheek で慣用句としての扱いになるであろう。しかし，慣用句が成立する過渡期の姿が見えて興味深い。

4.5　アメリカ英語における前置詞の省略
　次の場合アメリカ英語では前置詞は省略される。ただし，口語において。

He has no pencil *to write* (*with*).（彼は書くべき鉛筆がない）

この文は元来，次の文の簡略形である。

He has no pencil *with which he is to write.*

上の文で関係代名詞 which は目的格ゆえ省略可能。その結果

He has no pencil *he is to write with.*

が可能。後半の主語と be 動詞も省略可能なので

He has no pencil *to write with.*

が完成する。しかし，アメリカ英語では，移民が盛んであった時期に関係代名詞を省略する際，前置した前置詞も一緒に省略する傾向があった。特に18世紀から19世紀にかけての特徴である。その結果

He has no pencil *to write.*

が出現した。同様の例に次がある。すべてアメリカ英語の特徴。

He has no house to live (*in*). (彼は住むべき家がない)
There's no chair to sit (*on*). (座るべき椅子がない)

次もアメリカ英語における前置詞の省略例である。

We hear less about the other side — the high-tech immigrants and *the value they provide our economy.*
(*U.S.News and World Report*)
(我々は他の一面，つまり，ハイテク分野の移民や彼らが我々の経済にもたらす価値に関しては耳にすることが少ない)

上の文で後半の the value 以下の構文は

they provide our economy the value

の構造になっているが，正式には

they provide our economy <u>with</u> the value

である。アメリカ英語では provide を give と同様に扱い二重目的語をとる動詞と考える。provide が二重目的語をとる動詞と考える傾向はやがてイギリス英語にも浸透するものと予想される。

同様に supply も標準的には「supply ＋ A ＋ with ＋ B」

の構造をとるが，アメリカ英語では「supply + A + B」の構造も可能になっている。

4.6 その他の前置詞省略表現

4.1～4.5で取り上げたもの以外の前置詞省略表現を見ていこう。次の文をあげる。

The Gulf states *are busy modernizing* their economies and societies, asking the Louvre, New York University, and Cornell Medical School to set up remote branches in the desert.（*Newsweek*）
（湾岸諸国は経済や社会を現代化するのに忙しい，そしてルーブル美術館，ニューヨーク大学，コーネル大学医学部に砂漠の中に遠隔地ながらも支部を設置するように求めている）

上の例文のように最近の英語では「be busy in ～ing」の in が省略され「be busy ～ing」が使われるようになってきている。他に前置詞が省略される例として次のようなものがある。

He ended up（in）apologizing to her.
（彼は結局彼女に謝るはめになった）
　◆in の代わりに by を使うこともある。
He spent much money（in）buying books.

(彼は本を買うのに大金を使った)

◆in の代わりに on を使うこともある。

I had some difficulty (in) reading that book.
(私にはその本を読むのがある程度難しかった)
He had much trouble (in) reading that book.
(彼はその本を読むのに大いに苦労した)
I lost no time (in) answering the question.
(私はその問題にすかさず答えた)

◆I didn't lose any time (in) answering the question. といってもいい。

She has long experience (in) teaching English.
(彼女は英語を教えるのに長い経験がある)
There is no use (in) crying over spilt milk.
(こぼれたミルクについて泣いても無駄だ)

　以上の前置詞はすべて省略可能である．いや前置詞をつけないほうが今日ではふつうになっている。前置詞があると「〜ing 形」は動名詞，ないと分詞扱いが一般的。この「〜ing 形」は動名詞あるいは分詞の区別が困難な場合を想定して使用される文法用語でもある。「〜ing 形」なる用語はオランダの英語学者 Etsko Kruisinga が *A Handbook of Present-day English*（1931）の中で初めて使った。

　このように前置詞は昔から省略傾向にある。かつては複合前置詞も盛んに使用された。複合前置詞は19世紀までイギリスでも一般的であった。この特徴がアメリカ英語に多く残っているのは当然の結果である。移民がアメリカへ持っていっ

たから。

　The ship is at times lifted bodily *from out of* the sea.
　　　　　　　　　　　　　　　　　　　（Edgar A. Poe）
（船は時折まるごと海から持ち上げられる）

の文中で from out of のような複合前置詞は今日の英語では避けられている。from だけで十分である。このような複合前置詞はわずかに「from under ～」（…の下から），「from above ～」（…の上から），「from behind ～」（…の後ろから）などの形で残るだけである。

　この複合前置詞は冗語の一種であるが，同時に強調表現とも考えられる。いつ何時突然変異のように復活しないとも限らない。

　ちなみに前置詞 out of の代わりに of が落ちて，out のみを使うことがある。

　Nobody glanced *out* the window even once.（*Time*）
　（誰も１回すらも窓から見なかった）
　They'd kick me *out* the door.（*The New Yorker*）
　（彼らは私をドアから放り出すだろう）

　今日の標準英語なら上の両者は out of the window と out of the door である。この用法はアメリカ英語の略式あるいはイギリス英語の非標準用法であるとされている。*OED* で

第２章　簡略化・省略化に向かう変化　　137

は前置詞としての out は「廃語あるいは古語」であるとしながら次の記述がある。

In Eng., OUT *prep.* (q.v.) is exceptional, and felt as elliptical ; the prepositional sense is regularly expressed by adding *of*.
(英語では前置詞 out ＜前置詞の項を見よ＞は例外的で省略的と感じられる；前置詞の意味では通常 of を加える)

しかし，*OED* の記述は既に古い。イギリス英語でも今日では「先祖帰り」が生じている。次がその例。

Endless parties, meeting people of all nationalities, ...looking *out* the window and seeing snow...these are a few of the memories that I will never ever forget. (*Your Manchester*)
(無数のパーティー，全ての国籍の人々と会えたこと，…窓から見て雪が見えたこと…これらは私がけして忘れられない記憶の幾つかであった)
◆never ever は口語用法で never の強調用法。「けして…しない」の意味。冗語による強調。

前置詞 out はゲルマン語由来の語で古期英語では ut と標記されていた。今日の低地ドイツ語に完全に一致する。標準ドイツ語の aus に相当する。「彼はドアから出て行く」を各語で表現する。

He goes *out of* the door.（標準英語）
He goes *out* the door.（アメリカ英語）
He goht *ut* de Doer.（低地ドイツ語）
Er geht *aus* der Tür.（標準ドイツ語）

　すなわち，前置詞 out of の代わりの out は完全な「先祖帰り」である。
　最後に into が in へ，onto が on へ変化している現象も紹介する。次の英文は本来，非文法的な文である。

　He *set* the machine *in motion*.（彼はその機械を動かした）

「機械を動かす」は運動を伴う行為であるゆえ in ではなく into を使い

　He *set* the machine *into* motion.

であるべき。なぜなら，前置詞 in は「場所」を表し，前置詞 into は「場所への運動あるいは方向」を示すからである。into が持つ「運動」や「方向」の意味合いが省略され，表現が簡略化されている。なぜ into の代わりに in で代用できるのか。答えは前置詞にあるのではなく動詞 set（「ある状態に配置する」「ある状態にセットする」）に「運動」機能を持たせることにある。このように考えれば前置詞は into から

inへの変化が可能になる。

他の例をあげる。

get into shape → get in shape（体力を増進する）
put ～ into motion → put ～ in motion（…を動かす）
put ～ into practice → put ～ in practice（…を実行する）
bring ～ into practice → bring ～ in practice（…を実行する）
throw ～ into jail → throw ～ in jail（…を監獄に送る）

すなわち，動詞 get, put, bring, throw に「運動」機能を持たせている。

さらに onto から on への変化についても同様。

He *got on* the bus.（彼はバスに乗った）

「バスに乗る」は運動を伴う行為であるゆえ on ではなく onto を使い

He got onto the bus.

であるべき。イギリス英語では

He got on to the bus.

と onto を on to の 2 語で表示する。これも動詞 get に「運

動」機能を持たせることにある。

他の例をあげる。

But he didn't expect everyone to *fall in line* and agree with him, and he didn't upset when things didn't always go his way.（*Newsweek*）
（しかし，彼は全ての人が自分に同調し，かつ賛成するのは期待していなかったし，事が自分の思い通りに必ずしもならない時でも動転しなかった）
◆全ての辞書は fall in line（…に同調する）ではなく fall into line と書いてある。しかし，現実に fall in line が出現している。

He *jumped on* the table.（彼はテーブルの上に飛び乗った）
◆元来は He jumped onto the table. であった。

このように into から in への変化，onto から on への変化は現在まさに進行中であることが理解できたと思う。しかし，場合によっては既にその変化が終了している場合もある。

He *fell in love* with her.（彼は彼女と恋に落ちた）

ではすでに fall into love の表現はなくなっている。
このように「運動」機能を持つ動詞が前置詞の使用を簡略化する傾向は将来ますます強まると予想される。

❺ 接続詞・関係詞の省略現象

ここでは，文と文を繋ぐ働きをする接続詞や関係詞における省略現象を見ていく。接続詞 and や or を用いないで文を直接繋げてしまう並列構文の例や，関係代名詞主格の省略現象などを取り上げる。

5.1 並列構文

既に第1章 7.3 の「関係代名詞 that の非制限用法」で述べた通り，並列は厳密にいえば非文法的な文である。しかし，あまりにも並列は多すぎる。

One whispers, the other shouts, but both are enduring reminders of cultural identity. (*National Geographic*)
（一人が囁く，もう一人が叫ぶ，しかし両者ともに恒久的に文化的自己意識を思い出させてくれる）

この文の前半の

One whispers, the other shouts,

は接続詞なしで節が2つ並列されている。本来ならば

One whispers and the other shouts,

のように節と節の間には接続詞がなくては駄目。しかし，

One whispers and the other shouts, but both are enduring reminder of cultural identity.

では文が冗漫になる。特に one whispers, the other shouts, のように節の内容が対照関係にある場合は並列構文のほうがすっきりする。このような場合は大いに並列構造が利用される。

次もその例。

This is a community where drugs are very prevalent. *Not that many of our students have fathers at home, adult illiteracy is very high*, as is unemployment.（Reuters 電）
（ここは麻薬が蔓延している地域で，多くの生徒の父親は家にいないし，大人の文盲は失業同様非常に高い）

ここでは斜字体部分が並列構造になっている。本来は接続詞を置いて

Not that many of our students have fathers at home *and* adult illiteracy is very high,

であるべき。

次の例文はいわゆる相関語句といわれる表現を使ったもの

である。

Such a foreign policy would *not only* improve the United State's global image, it would also allow Americans to form smart alliances and make even smarter use of tools like microcredit. (*Newsweek*)
(このような外国政策はアメリカ合衆国に対する世界的なイメージを改善するだけでなく，アメリカ人が賢明な同盟関係を形成できるようにさせ，また少額の短期融資のようなさらに賢明な道具の使用を可能にさせるようになる)

上の文は本来「not only 〜 , but also 〜」(…のみならず，…もまた) の相関構文である。従って，

〜 *not only* improve the United State's global image, *but* it would *also* allow 〜

のようになる必要がある。接続詞 but の欠けた文は並列構文になってしまう。also の欠落は頻繁に生じるが but の欠落は略式文において生じる。両者の欠落した文も生じている。

Drinkers are *not only* richer than abstainers, they tend to be happier, *too*. (*Forbes*)
(酒飲みは禁酒主義者より金持ちであるのみならず，またより幸せでもある傾向がある)

A hot pair of heels will *not only* add inches to your height, it changes your strut, making you look and feel sexy.（*Cosmopolitan*）
（刺激的なハイヒールは身長を何インチか高くするのみならず，歩き方も変え，セクシーに見せかつ思わせる）

　前者の文では but also の also の代わりに too が使われている。後者では also も too も省略されている。両文とも but が欠落し，並列構造になっている。今日の英語では「not only 〜 , but also 〜 」は冗漫に感じられるのであろう。
　特に新聞や雑誌のタイトルの場合には字数も限られ，人目も引かなくてはならない。その上簡潔である必要がある。そんな時に並列構造は役に立つ。
　次はイギリスのあるフィットネスクラブの宣伝文句である。

Slim down, Shape up!
（スリムになって，シェイプアップを！）

文法上は

Slim down *and* Shape up!

であるべきだ。なぜなら並列を避けるため。しかし，and を入れると文が冗漫になる。また down と up が好対照になる修辞的効果が半減してしまう。参考までに，ここで Shape

第２章　簡略化・省略化に向かう変化　　145

up! の S が大文字になっているのは新聞や雑誌の見出しと同じで標語としての性質が強いためである。

このように考えると並列は文法的には避けるべき構造ではあるが，場合によっては修辞的効果を発揮できる可能性もあり，将来ますます使用されるであろう。

5.2 関係代名詞主格の省略

関係代名詞の主格は原則として省略できない。省略してしまうと，1つの文あるいは節の中に動詞が2つ存在することになり，意味不明になる。ただし，特別な場合には省略可能。

There's someone at the door (who) wants to see you.
(君に会いたい人が誰かドアのところにいる)

上の文のように「there is ～」,「there are ～」,「here is ～」,「here are ～」,「it is ～」などで始まる英文の時，関係代名詞は主格であっても省略できることになっている。この理由としては，これらの表現は形式的なもので，意味の上からも軽く考えられ，後に続く真の主語と関係代名詞を省略した次の動詞とが主語と動詞のように感じられるからである。つまり，上の文では

Someone at the door *wants* to see you.

が頭に浮かぶからである。

関係代名詞の主格省略は古い時代の名残であるが，同時に現代英語では口語で用いられる。今日では口語というより俗語や卑語で使用されることが多い。従って，日本人は使用を避けるのがいいだろう。

There's a unicorn in there *bin hurt* badly by summat.
(*Harry Potter*)
(何かにひどく傷つけられた一角獣がそこにいた)

◆bin は北イングランドの方言でドイツ語の bin に一致する。標準英語の be に相当する。summat は北イングランドの方言で something の意味。

　引用例はひどい俗語表現であり，ふつうの日本の読者には理解不能であろう。この英語を標準英語に直せば

There's a unicorn in there *which is hurt* badly by something.

になる。このような俗語や卑語において関係代名詞の主格省略が行われると認識しておくほうがいい。
　アメリカ英語における関係代名詞の主格省略の例をあげておく。

"There's a group of people he says *are* his friends," adds this former Viacom executive, "who would happily cut his heart out with a rusty knife."(*Condé Nast Portfolio*)

(「彼が言うには彼の友人である一団の人達がいる」とこのヴィアコムの元役員はつけ加える「彼らは錆びたナイフで彼の心臓を楽しそうに切り取るだろう」)

アメリカ英語では口語文で主格が省略されることがある。関係代名詞主格の省略はどのような状況でも許されるわけではないが，文の構造が取りやすいものであれば，将来も増えていくと予想される。

5.3 関係代名詞 as の不備用法

第 2 章 1.2.1 でも若干触れたが，as には関係代名詞と接続詞の用法があり，奇妙な使われ方をすることがある。

He is a musician, *as* you know.
He is a musician *as* you know.
（君が知っての通り，彼は音楽家である）

「なんだ，コンマがあるかないかだけの違いではないか」と思うかもしれないが，両文において文法的には前者の as は関係代名詞，後者の as は接続詞である。前者の as は先行詞が前節の内容。後者では as は単なる接続の役割しかはたさず，かつ文を 2 分割するので know は「何を知る」のか理解できない。従って，as you know は as you know it の意味で使われる。言い換えれば know は know it の意味の自動詞であり，it は省略されているとみることができる。考え方を

変えて as を中心に考慮すると，前者の as は関係代名詞の非制限用法であるが，後者の as も単なる接続詞ではなく関係代名詞に準ずる用法である。接続詞と it の両者の役割を兼ねているのだから。ただし制限用法ではあるが。

次も同様に考えないと誤った文になる。

But *as* the economy has rudely reminded us, ours is an interdependent age in which the "other" is a mirage.
(*Newsweek*)
(しかし，経済が我々に突然思い示してくれるように，我々の時代は相互依存の時代で他者は幻覚のように写る)

上の文の as はコンマ以下の節を先行詞とする関係代名詞のように見える。しかし，2つの文に分解するとこうなる。

Ours is an interdependent age in which the "other" is a mirage.
The economy has rudely reminded us that.

しかし，後者の文は誤り。次が正しい文。

The economy has rudely reminded us *of* that.

すなわち，原文は以下の2つの文を混同することから生じた文。

第2章　簡略化・省略化に向かう変化　149

The economy has rudely reminded us that ours is an interdependent age in which the "other" is a mirage.
The economy has rudely reminded us of that.

◆ ours is an interdependent age in which the "other" is a mirage. が that の内容になる。

つまり that 節と代名詞 that の混同から発生した。原文は本来

But *as* the economy has rudely reminded us *of*, ours is an interdependent age in which the "other" is a mirage.

であるべき。しかし，第 2 章 4.5 でも見てきたように，英語では関係代名詞に関係する前置詞は省略することが比較的多く生じているので of が省略されたと考えられる。

as を関係代名詞と見るか，接続詞と見るかについて見てきたが，実際のところ，英語母語話者がコンマや前置詞の有無でそのような文法的な違いを意識していることはあまりないのかもしれない。そうだとすると，このような差異はあまり気にせず，将来は as の用法について，より簡略化される方向に向かうのかもしれない。

第3章

「変わらない」英語表現

　本書のタイトルは『英語は将来こう変わる』なのに,「変わらない」とは何事だと思う読者もいるかもしれない。ここでいう「変わらない」とは英語史の観点からみると,古い英語には元々あったのだが,イギリス英語では変化してしまい使われなくなったものの,アメリカや他の地域では「変わらず」使われており,それが今はイギリス英語にも影響を与えつつあるという意味で使用している。いわゆる「先祖帰り」に特に焦点を当てて見ていきたい。

❶ 動詞・法に関する「古い」表現

　ここでは動詞の用法や,法,とりわけ仮定法に関する変化について見ていく。

1.1　動詞 help の語法の変化

　今日使われる help の「…するのを手伝う」の用法には「help + 目的語 + to 不定詞」と「help + 目的語 + 動詞の原

形」の2つの型がある。共に「…が…するのを手伝う」の意味である。

英語本来の用法は

I *help her wash.*（私は彼女が洗濯するのを手伝う）

のように「help＋目的語＋動詞の原形」の型であった。なぜならこの表現はゲルマン語共通の特徴であるから。他のゲルマン語と比較しよう。

次の文はいずれも「私は彼女が洗濯するのを手伝う」の意味である。

I *help her to wash.*（イギリス英語）
I *help her wash.*（アメリカ英語）
Ik *help haar wassen.*（オランダ語）
Ick *help se wassen.*（低地ドイツ語）
Ich *helfe ihr waschen.*（ドイツ語）

上の文から理解できるようにイギリス英語だけが「help＋目的語＋to不定詞」の型になり，その他のゲルマン語では「help＋目的語＋動詞の原形」の型である。

イギリスで最も権威のある *OED* に help に関する記述がある。Help の B. Signification の 5. With *infin. or clause*：(Help の B. 意味の5の不定詞あるいは節と共に）の項である。この項の記述を簡単に言うと，

I *help to wash.*
I *help him to wash.*

が正しい表現であり

I *help wash.*
I *help him wash.*

は16世紀頃から生じた用法で、方言的か俗語であると説明している。つまり、アメリカへの移民が盛んであった時代の表現であり、アメリカ英語が「help＋動詞の原形」及び「help＋目的語＋動詞の原形」の型をとるのは当然である。ただ、*OED* にゲルマン語の特徴であることが記載されていないのが残念である。

　この *OED* にある「方言的か俗語的である」アメリカ英語が、今日ではイギリス英語においても一般化している。「先祖帰り」の現象である。例をあげる。

The event was billed as a peace concert aiming to *help end* Cuba's international isolation.
（*The Guardian Weekly*）
（そのイベントはキューバの国際的孤立を終焉させる手助けをする目的での平和コンサートとして発表された）
"At Tesco, we know our customers are concerned about climate change and expect us to be taking the lead in

helping create a greener future." (*Your Manchester*)
（テスコで顧客は気候変動を心配しており，かつ我々がより環境に優しい将来を創造する一助として指導的役割をはたすことを期待している）

◆Tesco はイギリスの巨大スーパーマーケットの名前。

There is a window in which it will be possible to *help* poor *countries get* as ready as they can for H₁N₁ and that window is closing rapidly. (*The Guardian Weekly*)
（貧困国ができる限り H₁N₁ 新型インフルエンザウィルスに対処しうる手助けが可能である機会はあるが，その機会は急速に終焉しつつある）

I am looking forward to doing what I can to *help* the *University achieve* its aim of becoming world-class and standing alongside the best. (*Your Manchester*)
（私はこの大学が世界クラスになり，かつ同時に最高の地位を確保するという目的達成のお助けができるよう可能な限りを尽くすよう期待してます）

　この「先祖帰り」の現象はイギリス英語で将来も続くと予想される。
　ただし，次の文もある。

Help us to help them escape the experience of violence.
(*Time*)
（彼らが暴力の体験を逃れるのを援助するために我々を助

けてくれ）

　この文では1つの文の中に「help＋目的語＋to不定詞」と「help＋目的語＋動詞の原形」の両者の型があるが、この現象は多分にリズムや口調に関係するものと考えられる。つまり、上の文で

Help us to help them to escape the experience of violence.

ではリズム感が悪くなる。このような音韻的な要因も影響してくることがある。

1.2 「be＋to不定詞」の受動用法
　以下の2つの例文を見てみよう。

Maybe it's not the writing that *'s to blame* at all.
　　　　　　　　　　　　　　　　　　　（*Newsweek*）
（恐らくそれは全く責められるべき文書ではない）
Supporters of the main ruling party, the Communist Party of India (Marxist), or CPI (M), *were* mostly *to blame.*（*The Economist*）
（主たる与党であるインド共産党＜マルクス主義者＞つまりCPI (M) の支持者は大半の責めを負うべきである）

今日の英語で文法上はそれぞれ

Maybe it's not the writing that's *to be blamed* at all.
Supporters of the main ruling party, the Communist Party of India (Marxist), or CPI (M), *were* mostly *to be blamed*.

である。なぜなら「be + to 不定詞」は「予定」「運命」「可能」「義務」「意図」などを表すが「受動」の意味にはならないゆえ。

　しかし，次の慣用表現がある。

He *is to blame* for the accident.
（彼はその事故の責任を負うべきである）
TO LET（貸家）
◆イギリス英語で To Let と標記されることもある。アメリカ英語の FOR RENT あるいは For Rent に相当する。

　両者共に本来は今日の英語では以下のように，受動態で表現されなくてはならない。

He is to be blamed for the accident.
TO BE LET

　しかし，英語における「be + to 不定詞」は古期英語以来，今日の「be 動詞 + 過去分詞」の形の受動態が一般化するまで「受動」の意味を表現していた。その用法が今日でも慣用

的に残っている。

　参考までに今日のドイツ語では「be + to 不定詞」に相当するもので「受動」の意味を表現することができる。つまり「be + to 不定詞」はゲルマン語固有の表現である。

　この用法は現状では慣用表現に限られてはいるものの，今後さらに広がる可能性はあるかもしれない。

1.3　仮定法の衰退と隆盛

　全般的に仮定法（subjunctive mood）は減少の一途をたどるといわれている。しかし，型にはまった一定の仮定法は相変わらず隆盛を極めていることを見ていきたい。

　具体的な話に入る前に，仮定法についてひとつ確認しておきたい。「仮定法」と聞くと，if 節のある「もし～すれば」という事実に反することの可能性に言及する表現を真っ先に思い浮かべるかもしれない。それはそれで仮定法過去や仮定法過去完了のことを指しており，仮定法であることは間違いないのだが，その他に「仮定法現在」もある。仮定法現在は例えば「提案・要求を表す動詞 + that 節」の that 節内などで使われ，その際には動詞の原形が使われる。

　I suggested that he *invest* his money in property.
　（私は彼に不動産に金を投資してはどうかと提案した）

　ここではこの仮定法現在も取り上げるので，留意していただきたい。

第 3 章　「変わらない」英語表現　　157

1.3.1　仮定法過去・仮定法過去完了の衰退

　仮定法はいずれ廃止されるといわれていた。古期英語の時代ははっきりしない事を述べる場合，従属節は必ず仮定法を使っていた。それと比較すれば仮定法は絶滅したに等しい。イギリスの辞書編纂者であるHenry Bradleyが「仮定法の命は30年もたないだろう」と言ったのは1904年だが，以来100年以上経過している。

　確かに仮定法は減少している。例えば，アメリカでは「もし私が君なら，そんなことはしない」は

　If I *was* you, I *would* not do such a thing.

の英語を使う。正式には

　If I *were* you, I *would* not do such a thing.

である。前者も仮定法ではあるがIf I was you, は口語表現。1人称・3人称単数の主語の場合ではふつうwasを用いる。一説に前者のwasは300年以上前の用法であるという。アメリカではif I were youはあまり使用されない。

　また，以下の例文のように，帰結の節は直説法を使っても許容されることが多くなってきている。

　If I *was* you, I *will* not do such a thing.

次の文を見てみよう。

If there's war between America and Iran, *it may* start at see. (*Newsweek*)
(もしアメリカとイランとの間に戦争が起これば，それは海上で始まるかもしれない)

この例では，直説法が使われており，仮定法は全く使用されてない。実際にアメリカとイランとの間に戦争が起こると書き手が考えているのであれば，「条件」を表す直説法でいいのかもしれないが，アメリカとイランが戦争を起こすことはまずないだろうという予測から，もしくは起こってほしくないという希望的観測から，仮定法にする方がふつうの文脈であるといえよう。

さらに，「彼は病気のように見える」は

He looks *as if* he *were* ill.

が正式表現。「as if＋節」の節部分には仮定法を使うのが正式表現であった。しかし，今日では直説法を使っていい。

He looks *as if* he *is* ill.

のように。

次も同様の例。「あなたがここにいてくれればいいのに」

を英語にする。

I wish you *were* here.

が仮定法表現であるが，今日では

I wish you *may be* here.

の直説法でいい。
　このような現象を見たからこそ Henry Bradley は仮定法が将来消えると判断したのであろう。
　だが，仮定法はけして消滅することはない。いや消滅できない。それを次の 1.3.2 で見ていく。

1.3.2　仮定法現在の隆盛
　イギリス国歌は仮定法現在を使用している。すなわち，

God *Save* the Queen!（女王陛下万歳！）

は仮定法現在である。この場合「祈願」「願望」を表すが，同時にイギリス国歌のタイトルでもある。仮定法過去や仮定法過去完了は衰退の方向にいっているのかもしれないが，国歌のタイトルにもなっているのだから，仮定法現在は今後も根強く残る可能性があるだろう。
　実際のところ，仮定法現在はやや古い用法で，イギリスで

は田舎に方言として残っているくらいで一般的には広く日常で使われていることはない。

ただし，今日のI am young.（私は若い）は次の地方ではこういう。

I be young.（イングランド西部地方）
I bin young.（イングランド西北地方）

上のbeやbinはドイツ語のbinやオランダ語のbenに相当する。同じ西ゲルマン語族に属するので当然のことではあるが。この種の仮定法は今日では方言以外には消滅している。しかし，昔は標準的に使用されていたのはドイツ語から判断できる。

このことから，仮定法現在はイギリス英語としては，国歌に使われているものの，地域限定で一般的には使われていない傾向がある。しかし，その一方で，アメリカ英語では盛んに使われている。そのことを1.3.2.1で見ていこう。

1.3.2.1 アメリカ人の仮定法

「彼がそう言うのは不思議だ」を英語にすると，例えば次のようなものが考えられるだろう。

It is strange that he *says* so.
◆客観的に事実を述べている。
It is strange that he *should* say so.

◆話し手の感情が入っている主観的な描写。should は「感情」「判断」の should といわれる。

It is strange that he *say* so.
◆仮定法現在を使っている。アメリカ英語の用法といわれる。

最後の例はかつて主としてイギリスでは方言として使用されていた。今日では主としてアメリカ英語に残っているので「アメリカ人の仮定法（American Subjunctive）」と呼ばれることもある。イギリスの作家 George Orwell による命名である。イギリスから見れば、移民当時の英語が残存しており、当時アメリカはイギリスの田舎に相当したのである。この田舎の言葉が第二次世界大戦後俄然復活をはたした。

Because we know that compromise is not your game, we provide only the best quality and services whether it *be* on-ground or in-air. (*Newsweek*)
（我々は妥協は皆様のお望みではないのを知っているからこそ、地上でも飛行中でも最善の質とサービスだけを提供いたします）

この文で whether it *is* on-ground or in-air の代わりに whether it *be* on-ground or in-air になる理由も理解できたと思う。仮定法現在であるが、アメリカ英語では極めてふつうに使用される。

しかも、アメリカ英語かイギリス英語か判別できない場合

も増えている。

I *would* (*should*) *like to* live in Tokyo.
（東京で暮らしてみたいものだ）

「I would like to ～」がアメリカ英語，「I should like to ～」がイギリス英語ということになっているが，イギリス英語でも前者を使うことも多い。口語では「'd like to ～」の形を使う。

さらにイギリス英語における「アメリカ英語の完全復活」の例をあげる。

The protesters first demanded that Mr Saakashvili *hold* a parliamentary election next spring.（*The Economist*）
（抗議の人達はサーカシビリ氏が来春議会選挙を行うように最初に要求した）
◆ Mr Saakashvili はグルジアの大統領 Mikheil Saakashvili のこと。

The next few months could present a turning point in nuclear history after President Barack Obama demanded the Pentagon *conduct* a radical review of nuclear weapons doctorine to prepare the way for deep cuts in the country's arsenal, the US abandoned a missile shield programme in Europe and North Korea expressed an interest in resuming talks about its own nuclear ambitions.

(*The Guardian Weekly*)

（バラク・オバマ大統領は自国の貯蔵兵器の大幅削減を用意するために国防総省に核兵器政策の徹底的見直しを行うよう要求し，アメリカがヨーロッパにおけるミサイル防衛計画を廃棄し，また北朝鮮が核による野望に関する協議を再開することに関心を示したので，今後数ヶ月は核の歴史における転機点になり得るであろう）

従来のイギリス英語なら，前者では

The protester first demanded that Mr Saakashvili *should hold* a parliamentary election next spring.

後者では

President Barack Obama demanded the Pentagon *should conduct* a radical review of nuclear weapons doctorine....

と「要求」「提案」のshould を that 節の中に入れるべきである（両例文では that は省略されている）。アメリカの仮定法は完全に「先祖帰り」をはたした。今日ではもはや「アメリカ人の仮定法」なる表現は正しくない。

1.3.2.2 「come＋主語」（…になると）
近年非常に多く使用される。慣用表現として扱われるかもしれないが，厳密に言うと仮定法現在の表現である。以下，

実例を列挙する。

Come April, around six out of every 10 people in Nyamata were killed, though again, no one is sure of the exact figure.（*Time*）
（4月になると，ニャマタにおいて10人毎に約6人は殺された，やはりこれまた，誰も正確な数字はわからないけれども）
◆Nyamataはルアンダの地名。ふつうの表現なら斜字体部分はwhen April cameの節で書き換えられ「過去の事実」を表す。

Come September, he was trailing Clinton by about 2 to 1 in most surveys.（*Time*）
（9月になると，ほとんどの調査では彼はクリントン氏に凡そ2対1で遅れをとっていた）
◆ふつうの表現なら斜字体部分は同様にwhen September cameの節で書き換えられ「過去の事実」を表す。

And, *come dawn*, stylish night owls head to the boutique hotels popping up in restored colonial houses around the city.（*Time*）
（そして，夜明けになると，流行に合わせた服装の宵っ張り達が町の周辺に復元した植民地街において雨後の竹の子のように出現したしゃれたホテルへと向かう）
◆ふつうの表現なら斜字体部分はwhen dawn comesの節で書き換えられ「現在の習慣」を表す。

Come nightfall, we are huddled together once again,

eating hummus.（*The Guardian Weekly*）
（夜になると再び共に身体を寄せ合って，ホムスを食べる）

◆「ホムス」とはエジプト豆を裏ごしした中東のペースト。斜字体部分は When nightfall comes の節で書き換えられ「現在の習慣」を表す。

I will have been in Japan 40 years *come February*.
（Terry O'Brien）
（2月になると私は日本に40年いたことになるだろう）

◆斜字体部分は if February have come あるいは if Febuary comes の節で書き換えられ「時や条件を表わす副詞節」になる。

前3者はアメリカ英語，最後の2例はイギリス英語である。5例とも「come＋主語」が仮定法現在の形で使われる。共通していることは主語は「時」を表す名詞であること。さらに，これは仮定法現在の略式表現である。しかも，最後の例を除く前4者は真の意味での仮定法になっていない。すなわち，前半2例は「過去の事実」，第3及び第4例は「現在の習慣」を表している。形式だけの仮定法である。しかも，接続詞のない並列構造である。*OED* によると15世紀以降フランス語表現に倣い出現したとの説明があり，*arch.* and *dial.* の注釈がついている。つまり「古語及び方言的」であるという。しかし，アメリカ英語ではふつうの表現で，イギリス英語では略式表現ともいえようが，イギリス英語では先祖帰りの表現でもある。

1.3.2.3 So be it.（それならそれでいい）

次の例を見てみよう。

You say I have done it. *So be it.*
（君は私がそれをしたという。そうならそれでいい）

So be it. は元来，仮定法現在に由来する慣用表現だが，『ジーニアス英和辞典・第4版』（大修館書店）には正式表現とあり，『ルミナス英和辞典・第2版』（研究社）には会話体で《格式》の表示がある。『グランドコンサイス英和辞典・初版』（三省堂）には「それならそれでいい」の訳文があるだけ。これらの説明では英語の初心者は困惑する。

次の説明なら読者は納得するであろう。

「これらの表現の仮定法現在はかつて古い正式表現であった。しかし，使い古された結果として格式ばった時に使用されることもあるが，ふつうは略式表現で用いられることが多い」

ちょうど日本語の「お前」「貴様」がかつては尊敬語や丁寧語であったが，今日では侮蔑語や軽蔑語になったのと同じように。著者がまだ30代前半の頃の話である。既に教員をしていたせいか，ある時70代の歯医者さんから「鈴木の君（きみ）」と言われたことがある。源氏物語の時代なら「鈴木のきみ」でもいいが，まさに時代錯誤である。恐らく歯医者さ

んは若輩の著者を軽蔑して言った表現ではなかったことはそのときの雰囲気で理解できた。これが「鈴木君（くん）」となると似た表現であるが，印象は異なる。

1.3.2.4　命令法

英語では命令法はふつう独立して扱うが，命令法も元を糾せば仮定法現在であることを認識してほしい。

Be honest.（正直であれ）
You *go* there.（君はそこへ行け）

後者に関して，古い用法では *Go* you there. のように you は動詞の後に置いた。この用法は *Mind* you.（いいかい），*Mark* you.（いいかい）のような形で現在の英語に残っている。この用法は現在のドイツ語の命令法に一致する。

1.3.3　倒置による仮定法

仮定法における倒置は多い。口語ではふつう使用されない。次の例を見よう。

Be it ever so humble, there's no place like home.
（埴生の宿は我が宿＝いかに粗末であろうとも我が家に勝る場所はない）
　◆イギリスの歌曲 *Home, Sweet Home* の冒頭の一節でイギリス人の作曲家 H. R. Bishop の曲。1889年（明治22年）中等唱歌集で紹介され

た。作詞はアメリカの詩人 J.Payne。

This budget will be adjusted *should an appointment* of less than 12 months *be agreed*. (*The Economist*)
(12ヶ月未満の任用が同意される場合にはこの予算額は調整されます)

前者はかなり古い英語,後者は最近のイギリス英語である。前者は文の前半部で if を使わずに倒置になり,仮定法の節の後にコンマを打つ。後者は文の後半部に仮定法を使って倒置になり,前節との間にコンマを打たない。いずれも並列構造(parataxis)である。

仮定法で should は仮定法未来といわれる。「万が一の should」ともいわれ,可能性の極めて低い場合に使用される。同様のものに「were to + 動詞の原形」もある。次の文でも前半部分で倒置が生じ並列構造になっている。

Were such a *break to take* place a second time, it is unlikely that Washington would ever again be trusted by Pakistan's military establishment. (*Newsweek*)
(もしそのような中断がもう一度生じるならば,ワシントンがパキスタンの軍事政権に再び信頼されることはありそうもない)

仮定法の倒置は仮定法過去完了でも同様に行われる。

Had Mr Obama won, he would surely have been unstoppable.
(*The Economist*)
(仮にオバマ氏が勝っていたら，彼は確かに止められなかっただろう)

"*Had more been done*, we would have been in a position to have prevented the Nickell killing and other attacks."
(*The Guardian Weekly*)
(「より多くのことがなされていたならば，ニケル殺しや他の襲撃も妨げられていただろう」)

このように古い倒置の仮定法がアメリカ英語でもイギリス英語でもますます盛んである。この傾向は将来も続きそうである。絶滅の危機に瀕したはずの仮定法が倒置の形でますます頻繁に登場する。

❷ 名詞・代名詞に残る「古い」表現

2.1 主語・目的語の冗語現象

代名詞の冗語現象には2つある。二重主語の一部として用いられる代名詞と二重目的語の一部として用いられる代名詞である。

二重主語文の主語は冗語である。二重主語表現とは，主語を2つ持つ表現をいう。アメリカ英語や黒人英語の特徴という考え方もあるが，実際のところ，古い英語の名残である。アメリカ英語はイギリス英語に比較すれば古い性質を持つ。

また，黒人英語という言葉自体あり得ない。かつての主人たる白人が使っていた英語を黒人が引き継いでいるに過ぎない。しかし，一般には次の英語が黒人英語といわれている。

John he move.（ジョン，彼は移動する）

あるいは

John, he move.（ジョン，彼は移動する）

の表現である。上の表現で move は moves ではない。この文法的破格が黒人英語の特徴とされる。主語である名詞の後に代名詞をもう一度加える表現方法である。この表現は，実は英語の原初的な表現であり，関係代名詞発生の原初的形態でもある。つまり，今日の

John who moves 〜（ジョンは移動するが…）
John, who moves 〜（ジョン，彼は移動するが…）

に繋がる。古期英語の時代からこの種の二重主語は残っており，低地ドイツ語では今日でも使用されている。今日の標準英語では当然避けるべき表現とされる。

しかし，次の例文はどうだろう。

An outstanding artist, he is respected by all.

（傑出した芸術家なので，彼は皆から尊敬されている）

形態上は二重主語表現であるが，引用例の an outstanding artist は補語分詞構文表現といい，

Being an outstanding artist, he is respected by all.

の being が省略されたものである。ゆえにふつうの表現で二重主語表現とはいわない。

次はどうか。

The *jobs* we have here, *they* are jobs that men would not do.（AP 電）
（ここにある我々の仕事は男達がやりたがらない仕事である）

完全な二重主語表現である。主語は jobs と they。この種の文は会話で多く使用される。

次も同じ例。

African countries, East Asian countries, Middle Eastern countries, they are all waiting to see how Europe is going to treat Turkey.（*Newsweek*）
（アフリカ諸国，東アジア諸国，中東諸国は全てヨーロッパがトルコをどう扱うかを見ようと待ち望んでいる）

But *those values* upon which our success depends ― *honesty and hard work, courage and fair play, tolerance and curiosity, loyalty and patriotism* ― *these things* are old.（Barack Obama）
（しかし，我々の成否が左右される価値観は――それは誠実と勤労，勇気と公平，寛容と好奇心，忠誠と愛国心だが――これらは古くから変わらない）
◆2009年1月20日のオバマ大統領就任演説から引用。

前者では主語 African countries, East Asian countries, Middle Eastern countries が長すぎるので，もう一度 they で言い直す表現。後者も同様であるが，主語は those values である。さらに，ダッシュを使い具体的に述べて，最後にもう一度述べる。合計3回主語が登場する。

さらに，代名詞が先行する二重主語表現がある。

Well, *he* is great, *Terry Malick*. Really interesting.
（*Time*）
（そうね，彼はすごいな，テリー・マリックは。実に面白いね）

It was beautiful, this *image* of everything you throw away coming back to you!（*The New Yorker*）
（それは見事であった，君が投げ捨てても君の所に戻ってくる全てのもののイメージは！）

第3章 「変わらない」英語表現　173

両2者は文頭の主語を軽くし，後にもう一度主語を印象深くする英語表現であるが，このような二重主語表現は会話文ではこれからもふつうに使われるであろう。

　目的語が2つある場合もある。つまり，二重目的語表現である。ここでいう二重目的語表現とは目的語を2つとる授与動詞表現ではなく，目的語が文中で2回現れる表現をいう。

　次の文がそれである。

Everything he tells you that he believes and wants to do, he really thinks he can do *it*.（*The New Yorker*）
（彼が君に言い，彼が信じ，かつやりたいと望んでいる全てのことを彼は本当にできると考えている）

　上例で everything は動詞 tell, believe, そして不定詞 to do の目的語であり it に一致する。目的語が長いためと強調するために前置し，最後にもう一度代名詞で表現したもの。強調のための修辞法で，将来も多く使用されると予想できる。

2.2 「many a + 単数名詞」

　英語本来の特徴からすれば「many a + 単数名詞」の形はあり得ない。many は形容詞で複数名詞と結合するから。しかし，現実には存在する。例を見よう。

Many a U.S. *official* (and even the occasional senior Turkish official) admits in private to wishing the U.S. had

recognized the genocide years ago.（*Time*）
（多くのアメリカの当局者は＜そして特別なトルコの上級当局者ですらも＞非公式にアメリカが何年も前に大量虐殺を認めてくれていたらいいのにと思っている）

上の例における「many a＋単数名詞」は「多くの…」の複数形の意味である。今日ではやや古い用法とされる。実際古い用法である。しかし，アメリカ英語では比較的多く使用される。*OED*によれば「many＋単数名詞」，「many and many a＋単数名詞」や「many a many＋単数名詞」の形も使われたとの記述があり，初例は13世紀であるとしている。しかし，そうではないだろう。ただ例文がないだけである。なぜなら，現代でもドイツ語に「manch ein＋単数名詞」の形があり，英語の「many a＋単数名詞」に一致するゆえ。さらにイギリス中部の方言には「a many＋単数名詞」の形もあるという。西ゲルマン語独特の表現といえる。今後はイギリス英語でも浸透していく可能性もあるだろう。

2.3 「時を表す名詞＋-s」

時を表す名詞の語尾に副詞語尾 -s をつける表現である。これは副詞的属格（adverbial genitive）といわれる。

I didn't sleep *nights*, I worked all day, and the bills were never paid.（*The New Yorker*）
（私は夜などは眠れなかった，一日中働いた，そして金は

払って貰えなかった）

　上の例文で nights は元来古期英語の属格から発展した。より卑近な例で示す。

He came *Sundays.*（彼は日曜日などにやってきた）
He came *of a Sunday.*（彼は日曜日などにやってきた）
He came *on Sundays.*（彼は日曜日などにやってきた）

いずれもほとんど同じ意味であるが，古い表現の順に記してある。

　Sundays は名詞 Sunday の属格で最も古い表現。今日ではアメリカ英語で使われる。属格は今日の所有格に相当するから of a Sunday が発生する。やはり古い表現。この of は通例不定冠詞を伴い，習慣的行為を暗示するときに使われる。最後の on Sundays はふつうの表現。
　同様の表現に次がある。やはりアメリカ英語。

afternoons（午後などに）
evenings（夕方などに）
mornings（朝などに）

　さらに次もあるが，これらの表現はアメリカに限らず，英語全般に使用される。

afterwards（後に）
always（いつも）
besides（その上）
forwards（前へ）
needs（どうしても）
nowadays（現今では）
overseas（海外では）
sometimes（時々）

2.4 非人称 it の用法

代名詞非人称の it の用法には主語 it の用法と目的語 it の用法がある。それぞれの用法について見ていく。

2.4.1 非人称主語 it の具体化傾向

非人称の it の用法に触れよう。

It dawned bright and fresh.（明るくさわやかに夜があけた）

における it はいわゆる非人称の用法で「明暗の it」と呼ばれる。非人称の it は英語の歴史始まって以来存在した古来から続く正式用法である。現代の英語でいうなら

The morning dawned bright and fresh.
（明るくさわやかに朝になった）

あるいは

> *The day* dawned bright and fresh.
> (明るくさわやかに明かりがさした)

ともいえる。

> *It* is Sunday today.（今日は日曜日です）
> *It* blows hard.（風が強く吹く）

も非人称の it を使わなければ，それぞれ

> *Today* is Sunday.（今日は日曜日です）
> *The wind* blows hard.（風が強く吹く）

になる。非人称の it を使うのは現代でも少なからずあるが，非人称 it を使わない後者はどちらかというと現代的用法である。後者の用法がさらに使われていく可能性はあるだろう。

2.4.2　意味を持たない非人称目的語 it

非人称の it が目的語になる場合を検討する。目的語には動詞の目的語と前置詞の目的語がある。

2.4.2.1　動詞の目的語の場合

非人称の it が動詞の目的語になるのは，その前にくる品

詞が動詞であることを意味する。itそれ自体は何の意味もない。

I made *it*. (やったぜ)
Take *it* easy. (のんびりやれよ)
We spent this morning walking *it* all off along the concrete seashore. (*Esquire*)
(我々はコンクリートの海岸線にそって全て歩いて今朝という時間を過ごした)
Live it fast. Live it high. Live it like four-time Grand Prix Winner Lewis Hamilton. (*Esquire*)
(しっかり生きてください，強く生きてください，4回F-1レースで勝ったルイス・ハミルトンのように生きてください)

◆この文はある航空会社のコマーシャルの一部である。live it up は「楽しい時をすごす」意味の慣用句であり，通常は辞書に掲載されている。本引用例の live it fast, live it high, live it like ～ は全て辞書にない。しかし，ネイティヴには慣れ親しんだ表現であり，我々にもニュアンスは伝わる。

注意すべきことは「ほとんどの基本動詞＋非人称のit」の形で慣用句を作ることである。例をあげる。

beat it (「早く立ち去れ」「逃げろ」)
go it (猛烈にやる)

have it (「言う」「聞く」「知る」「わかる」「勝つ」など)
have it in for 〜 (…に悪意を持っている)
hold it (動くな)
let's face it (正直に言おう)
make it through 〜 (＜病気から＞回復する)

　この種の例は枚挙に暇がないが，動詞のほとんどはゲルマン語由来である。つまり古来から続く非人称のitは慣用的に使用されていた。そして，ほとんどの場合口語あるいは略式表現で使用される。急な時代の変化がない限り，この表現は永続するであろう。人々の心に深く浸透しているから。

2.4.2.2　前置詞の目的語の場合
　前置詞の後に非人称のitがくるのも英語古来からの伝統で，ほとんどの場合口語や略式表現で使用される。

beat 〜 to it (…を出し抜く)
come into it (＜否定文で＞影響する)
go to it (どんどんやれ)
have a good time of it (楽しむ)
have done with it (話しは終わった)
to say the least of it (控えめに言っても)

　これらの表現も動詞の目的語の場合と同様に，今後も使われるだろうし，新たな表現が生まれる可能性もあるだろう。

第4章
外国語の参入と増加する合成語

　この章では外国語が英語に入ってくる事例や合成語が使われている例を見ていく。

❶ 外国語の参入

　英語以外の言語，つまり，外国語が突然参入することもある。この現象は当該外国語が英語に存在しない場合や当該外国語がもつニュアンスを直接伝えたい場合，あるいは読者に高尚な知的レベルを要求するようなときに生ずる。

> He could use the pedals, but he is rolling *sans legs* today, waiting for the adjustments at Hanger.（*Esquire*）
> （彼はペダルを使うことはできたが，今日は彼は脚がなくて転げまわっていた，ハンガーでの調整を待ちながら）

　文中の sans legs は一部フランス語で英語にすれば without legs の意味。「sans～」は英語でかなり普及してはいるが古

い表現である。

　次は「sans 〜」を用いた有名な文句である。

Sans teeth, *sans* eyes, *sans* taste, *sans* everything.
　　　　　　　　　　　　　　　　（William Shakespeare）
（歯もなく，目もなく，味もなく，何もない）

この他に外国語が入っている表現も多くある。

The water bar in the basement of Colette, Paris's *über-chic* fashion and design boutique, offers patrons a selection of more than 100 varieties.（*Newsweek*）
（パリの超高級ファッションブティックのコレットの地下にある水専門のバーはひいき客に100以上の種類の水を提供してくれる）

昨今は「名水」を売り物にしている「水バー」も多い。über-chic は「ドイツ語＋元フランス語」の表現である。chic（「しゃれた」「高級な」）や boutique（ブティック）は既に英語化されている。

Branson may be a *bon vivant*, but he may yet teach us all how to live well.（*Time*）
（ブロンソンは素晴らしい享楽主義者かもしれないが，彼は我々全てに如何に上手に生きるかをも教えてくれている

のかもしれない）
- ◆Branson は Richard Branson のことでイギリスの「バージン航空」の創始者で会長。bon vivant の bon はフランス語で「素晴らしい」の意味，vivant もフランス語で「生きている人」の意味。bon vivant で「享楽主義者」「楽天家」の意味。

その他，英語に入っているドイツ語やフランス語を少々あげておく。

angst（「不安」「恐怖」）
- ◆ドイツ語の Angst（「不安」「恐怖」）から。主として新聞用語。

wunderkind（「天才児」「神童」）
- ◆ドイツ語の Wunderkind（神童）から。Wunder は「驚異」，Kind は「子供」の意味。

schadenfreude（他人の不幸を喜ぶ気持ち）
- ◆ドイツ語の Schadenfreude（他人の不幸を喜ぶ気持ち）から。Schaden は「被害」，Freude は「喜び」の意味。

cliché（陳腐な決り文句）
- ◆フランス語そのものであるが，次のように表現されることもある。"It's the kids I feel sorry for" is one of the conversational *cliche* of our times.（*The Guardian Weekly*）（「私が気の毒に思うのは子供達だ」というのは我々の時代の会話に出てくる決り文句のひとつである）つまり，フランス語の cliché のアクサン・テギュ（´）が削除されるとより英語化されると考えてよい。

cul-de-sac（袋小路）

第 4 章 外国語の参入と増加する合成語　183

◆フランス語の cul-de-sac（袋小路）から。cul は「(俗語) 尻」, de は「〜の」の意味。sac は「袋」の意味。

bon appétit（たくさん召し上がれ）
◆フランス語であるが, 今日では bon appetit の綴字で英語化されている。

entrée（アントレ＝主料理あるいはその直前の料理）
◆フランス語であるが, 今日では entree の綴字で英語化されている。

アメリカの知識階級のための雑誌「タイム」や「ニューズウィーク」を読む人はドイツ語やフランス語くらい知っておけということ。この傾向はこれからも続いていくだろう。

❷ 増加する合成語

合成語とは語と語が結合して1つの語を形成することをいう。ハイフォンなどで結ばれるのが最も一般的で, 英語ではよく使われる造語法。今後も増えていくと思われる。

2.1 合成語造語法
合成語造語法には大まかにいって以下の3つがある。

(A) 複合法：従来からある語を結合して新語を作る方法
(例) breakfast
　　　→「break（破る）＋ fast（断食）」＝朝食
　　everlasting

→「ever（ずっと）+ lasting（継続する）」= 永久に続く
(B) 派生法：接頭辞や接尾辞と共に新語を作る方法
(例) extraordinary
→「extra（領域外の）+ ordinary（ふつうの）」= 異常な
(C) 短縮法：語の一部を取り除いて新語を作る方法
(例) ad ← advertisement の後部省略 = 広告
fan ← fanatic の後方省略 = ファン

ここでは，ふつう辞書にはない接頭辞によるものを紹介する。

This is roughly half the price of its nearest rival, and little more than the cost of a three-wheeled *auto-rickshaw*. (*The Economist*)
（これは一番のライバル車のおよそ半分の値段で，3輪自動エンジンつき人力車のコストとほとんど同じである）

「エンジンつき人力車」が auto-rickshaw と表現されている。日本語由来で完全に英語化されている rickshaw（人力車）に接頭辞 auto- をつけての造語。

他の例も見てみよう。

But Obama? Europeans still adore him as the *un-Bush*.

第4章 外国語の参入と増加する合成語　185

(*Newsweek*)

(しかし,オバマは? ヨーロッパの人々は彼を反ブッシュとして相変わらず敬愛している)

Mrs Potter was Mrs Dursley's sister, but they hadn't met for several years; in fact, Mrs Dursley pretended she didn't have a sister, because her sister and her good-for-nothing husband were as *unDursleyish* as it was possible to be. (*Harry Potter*)

(ポッター奥さんはダーズリー奥さんの姉妹で,彼女らは何年も会っていなかった;事実,ダーズリー奥さんは姉妹がいないふりをしていた,というのも姉妹とそのろくでなしの夫はどうしようもないくらい反ダーズリー的であったから)

前者の例の un-Bush は「接頭辞+固有名詞」による造語であり,後者 unDursleyish は「接頭辞+固有名詞+接尾辞」を同時につけて派生語を造る場合である。例えば unconsciously のように「un + conscious のような基本語 + -ly」のような例はあるが,引用例のように固有名詞に un- と -ish をつけるのは珍しい。「反ダーズリー的」の聞き慣れない表現でいかにも「ダーズリー的」でない印象を出そうとする効果がある。

2.2 合成形容詞や合成名詞の例

合成語は名詞と形容詞に多い。ここでは最初に合成形容詞

の例を扱う。

　It was a monastery filled with a darkness and quiet I'd always associated with the Middle Ages — not the *soon-to-arrive* 21st century being crafted by the companies of Silicon Valley just miles away.（*National Geographic*）
（それは私がいつも中世を連想する暗黒と静寂に満ちた修道院だった―それは僅か数マイルしか離れていないシリコンバレーの会社が創造する間近に迫った21世紀の姿ではなかった）

　上の the soon-to-arrive 21st century（間近に迫った21世紀）は 21st century arriving soon の意味であり，soon-to-arrive が連語になり 21st century を修飾している。
　このように英語では発想を自由にして連語で合成形容詞を作ることが可能である。例をあげる。

　a *simple-to-use tool*（使いやすい工具）
　easy-to-use functions（使いやすい機能）
　spiderweb-cracked windshield
　（蜘蛛の巣のように砕けたフロントガラス）
　the highest *hardest-to-get-to* locations
　（最高に高く，しかも到達しにくい場所）

　さらに，上のように形容詞と連語になり合成形容詞を作る

のみならず，名詞が連語になり合成形容詞を作ることもある。

　high-end-fragrance industry（高級香水産業）
　higher-education system（高等教育システム）
　the *blink-of-an-eye* existence（一瞬の存在）
　◆ the blink of an eye は「一瞬」の意味であり，blink-of-an-eye で「一瞬の」の形容詞になる。文字通りは「目の瞬き」の意味の冗語による強調表現である。

　さらに，合成形容詞を作る際にハイフォンを用いずに引用符を利用することもある。引用符は単純引用符（'　'）と二重引用符（"　"）がある。

　A 'made in the U.S.A.' financial crisis highlights the need for more global — and more robust — oversight.（*Newsweek*）
　（「アメリカ製」の金融危機はより地球規模の，かつより力強い監視体制の必要性を強調している）
　Today, we are in the middle of a "made in the U.S.A." crisis that is threatening the entire world.（*Newsweek*）
　（今日，我々は全世界に脅威を与えている『アメリカ製』の危機の真っ只中にいる）

　このように合成形容詞は将来もいろいろな形式と内容で生じる可能性が高い。
　次は合成名詞の例である。

It was Harry's mother Diana, a *royal-by-marriage*, who engaged with ordinary people in emotionally intelligent ways and encouraged her sons to strive for a kind of *über-normality*.（*Time*）
（それはハリー王子の母ダイアナ元妃で，結婚により王家の人になったが，彼女は感情的に動いて知的な方法でふつうの人達とかかわり，そして自分の息子に常態を超えるものを求めるように勧めた）

ここでは royal-by-marriage（結婚により王家の人になった人），über-normality（常態を超えるもの）という合成語を使っているが，特に後者は「ドイツ語＋英語」になっている。かなりの知識階級を読者にしている証拠である。
次の例は簡潔性を優先して，定冠詞が抜けてしまった例である。

Because we know that compromise is not your game, we provide only the best quality and services whether it be *on-ground or in-air*.（*Newsweek*）
（我々は妥協は皆さんのお望みではないのを知っているからこそ，地上でも飛行中でも最善の質とサービスだけを提供いたします）

上の文で on-ground or in-air は on the ground or in the air がふつう。分かりきっているので省略表現を使い，対照

第4章　外国語の参入と増加する合成語　189

による簡潔さを演出している。

2.3 合成による名詞の動詞化

名詞をそのまま動詞に転用すれば意味が明確な動詞が作られる。

The result is volatility: even when British prices reach *eye-watering* levels (as happened in each of the previous two winters), gas imports do not increase to match, leading to factory closures and, in 2006, fears that residential customers might be cut off too.
(*The Economist*)
(結果は不安定である：イギリスの物価が涙が出るくらいのレベルに達する時でさえ＜前の2回の冬にそれぞれ生じたように＞ガスの輸入は結果的に工場の閉鎖を引き起こしたり，2006年におけるように一般家庭利用客も供給をカットされるかもしれないとの恐れにまでは増加しない)

上の文中のeye-wateringは明らかにeye-water（涙）から生じた動詞形の一部であるが，*OED*あるいは，*OALD*, *SOED*その他どの辞書をみても動詞はない。しかし，予測は充分につく。waterは動詞としての意味が存在するから。それ以外考えられない。

まだある。

But Sarkozy is a disappointment. He *jet-sets* around the world with his stunning wife, Carla, but growth is dropping in France. (*Newsweek*)
(しかし，サルコジには失望した。彼は非常に魅力的なカルラ夫人と世界中をジェット機で飛び回ったが，フランスでは経済成長は後退している)

　上の文中のjet-setは名詞で「ジェット機族」あるいは「ジェット機で世界中を飛び回る有閑上流階級の人々」の意味である。ここでは動詞化されている。
　次の例はハイフォンは使われていないが，さらに興味深い。

But the US is unlikely to be the nation that *pathfinds* the trial toward a bold new future in Copenhagen at the world gathering in December. (*The Guardian Weekly*)
(しかし，アメリカは12月の世界大会となる場所のコペンハーゲンにおいて大胆な新しい未来への道を開拓者として進む国にはならないようである)

　文中のpathfindは今日のイギリス及びアメリカの辞書には見当たらない。pathfinderならある。「探検者」「開拓者」の名詞として掲載されている。すなわち，基本語であるfindの派生語としてfinderがありpathとの合成語でpathfinderが登場した。その後，新たに動詞としてpathfindを新語として造りあげた。このような名詞の動詞化はますます増加す

るであろう。

　合成語は，生産性が高いが非母語話者である我々はなかなか自分で作っても，母語話者には受け入れられにくい現状がある一方で，母語話者が作る合成語には時代の反映もあって，興味深いものが多いのも事実である。合成語は英語の母語話者によって，これからもさらに作られていくと思われるので，新たな合成語との「出会い」を楽しむことも，英文を読むことを楽しくすることにつながるかもしれない。

参考辞書

井上義昌編『詳解英文法辞典』(縮刷第3版)(開拓社, 1973)
井上義昌編『英米語用法辞典』(縮刷第6版)(開拓社, 1976)
小学館国語辞典編集部編『日本方言大辞典』(小学館, 2005)
Collins Cobuild Advanced Dictionary of American English (First edition) (Thomson ELT, 2007)
Concise Oxford English Dictionary (Eleventh edition) (Oxford University Press, 2004)
Kleines plattdeutsches Wörterbuch (Verlag der Fehrs-Gilde, 1979)
Longman Dictionary of Comtemporary English (Fourth edition) (Pearson Education Limited, 2005)
Longman Exams Dictionary (Paper edition) (Pearson Education Limited, 2006)
Oxford Advanced Learner's Dictionary of Current English (Third edition) (Oxford University Press, 1977)
Oxford Practical English Dictionary (First edition) (Oxford University Press, 2004)
Random House Webster's Dictionary of American English (First edition) (Random House, 1997)
Shorter Oxford English Dictionary (First edition) (Oxford University Press, 2002)
Snack mol wedder Platt (Ernst Kabel Verlag, 1980)
The American Heritage Dictionary of The English Language (Fourth edition) (Houghton Mifflin Company, 2006)
The Concise Oxford Dictionary of Current English (Fifth edition) (Oxford University Press, 1964)
The Oxford English Dictionary (First published 1933) (Oxford University Press, 1970)
The Times English Dictionary (First edition) (Times Books, 2000)

あとがき

　読者はこの本のタイトルを見て「著者は気が触れている」と思ったことだろう。確かに著者は中学1年以来55年以上も英語を勉強しているゆえ，人様から見れば「気が触れている」かも知れない。

　しかし，本書を読み通していただいた読者は納得できたのではなかろうか。言語は歴史を繰り返す一面もあれば，全く異なる展開を見せることもある。日本語でも同様である。著者くらいの年齢になるとあまり使う人はいないが，最近若者だけでなく，年配者まで「不都合な時」あるいは「危険な時」に「ヤバイ」という。最近は，特に若者の間で「ヤバイ」は「すばらしい」，「おいしい」などの肯定的な意味で使われることもあるそうだ。言語の規範といわれる「広辞苑」（第3版・1983年発行）に早くも掲載されている。ただし「隠語」とある。第5版では「隠語」はとれている（肯定的な意味で使われることがある点についてはまだ言及されていない）。「ヤバイ」は新語ではない。江戸時代の十返舎一九の滑稽本『東海道中膝栗毛』の一節「おどれら，やばなこと働きくさるな」に由来するらしい。古語の復活である。「ヤバイ」を使う人は流行語として考えているのかも知れないが。

　英語についてはいろいろの現象が見られる。英語は日本語

と異なり起源が明白である。4世紀ころから6世紀ころまでヨーロッパにおいて民族大移動が行われた。北ドイツのゲルマン民族であるアングル族とサクソン族が中心になり，大ブリテン島に侵入。そして居座る。古期英語の始まりである。アングル族とはドイツのハンブルク周辺に住んでいた種族で，サクソン族はハノーバー周辺に住んでいた種族である。つまり，北ドイツの言語特徴が今日まで続いている。二重主語，関係代名詞の原初的状態，名詞の複数形など。北ドイツの言語は低地ドイツ語という。日本には研究者も少ないし，文献も多くない。研究者は著者の私を含めて5,6人であろう。私が所有している低地ドイツ語の辞書はハンブルクの書店で購入したものであるが，日本では熊本大学の図書館に所蔵されているだけである。低地ドイツ語は，どちらかといえばオランダ語に近い。英語にも近い。どれほど似ているか例示しよう。

　例えば「彼は手に一冊の本を持っている」を英語と低地ドイツ語で表現しよう。

He has a book in his hand.（英語）
He hett een Book in de Hand.（低地ドイツ語）

　参考までに述べると英語でもかつて名詞は大文字で表した。低地ドイツ語の de は英語の the である。英語の his は理論的には誤り。「彼は一冊の本を持っているが，その本は（he とは別の）彼の手にある」ことになる。低地ドイツ語では

「彼の手」は主語に続く2度目で同一の彼であるから the に相当する de が正しい。いやはや言葉は難しい。

　とにかく，英語は発生以来まだ1500年しか経ていない。途中でフランス語の影響も受ける。このような他国語の影響を考慮しながら，変化の過程をたどれば英語が将来どう変化するか予測はそう困難ではない。最近考える。20歳の若者にとり英語の歴史1500年は長い。英語を始めて8年，その凡そ200倍の時間である。著者の場合英語を始めて凡そ60年，約25倍である。1500年はそう昔ではない。視野に届く時間である。

　最近は古い英語であるアメリカ英語の台頭が顕著で，イギリス英語にも浸透してきている。この変化を総合的に把握したのが本書である。

　願わくは，読者諸兄が本書をお読みいただき著者がそれほどは気が触れていないのをご理解いただけたら幸いである。

　最後にお世話なった大修館書店の五十嵐靖彦氏及び内田雅氏に深く謝意を表したい。五十嵐氏は本書の出版を薦めてくださり，内田氏は編集にあたり細部にまで関与していただいた。

鈴木寛次　記す

[著者略歴]

鈴木寛次（すずき　かんじ）

1941年千葉県市川市生まれ。
早稲田大学商学部，東京都立大学人文学部独文科および英文科卒業。
現在，東京理科大学経営学部教授。専門はヨーロッパ語間比較言語学。
主な著書に『英語の本質——ヨーロッパ語としての考え方』（郁文堂），『発想転換の英文法』（丸善），『こんな英語ありですか』（平凡社），『英文法の仕組みを解く』（NHK出版），『異文化間コミュニケーションの技術』（講談社），『英語の常識は非常識』（KKベストセラーズ），『英語力を鍛える』（NHK出版），『根本理解！やり直し英文法』（共著）（大修館書店）など。

三木千絵（みき　ちえ）

静岡県下田市生まれ。
学習院大学文学部史学科および英文科卒業。学習院大学大学院人文学研究科イギリス文学専攻博士課程前期・後期過程修了。
現在，学習院大学非常勤講師，國學院大學非常勤講師。
主な著書に『根本理解！やり直し英文法』（共著）（大修館書店）など。

英語は将来こう変わる

© Kanji Suzuki & Chie Miki, 2010　　　　　NDC830／ix, 196p／19cm

初版第1刷──── 2011年2月10日

著　者	────鈴木寛次・三木千絵
発行者	────鈴木一行
発行所	────株式会社大修館書店

〒113-8541　東京都文京区湯島2-1-1
電話　03-3868-2651（販売部）/03-3868-2293（編集部）
振替　00190-7-40504
[出版情報] http://www.taishukan.co.jp

装丁者	────中村友和
印刷所	────広研印刷
製本所	────ブロケード

ISBN978-4-469-24559-2　　　　　　　　　　　　Printed in Japan

Ⓡ本書の全部または一部を無断で複写複製（コピー）することは，著作権法上での例外を除き禁じられています。

根本理解！
やり直し英文法

基本の総復習から「例外」の謎解きまで!!

鈴木寛次・三木千絵【著】　●A5判・322頁　定価**2,310円**(本体2,200円)

網羅的な文法書だが、「引く」より「読む」ことを前提とした記述、各章「初級」「中級」「発展」から成る構成により、どんなレベルの読者でも気軽に読める。英文法の通時的（英語史の中の現代英語）・共時的（ヨーロッパ言語の中の英語）考察による「例外」等の解明は、新鮮な驚きを与えてくれるだろう。

目次

1	名詞	2	動詞	3	時制	4	助動詞	5	代名詞	6	冠詞
7	形容詞	8	数詞	9	副詞	10	比較	11	不定詞	12	分詞
13	動名詞	14	前置詞	15	接続詞	16	仮定法	17	命令法	18	受動態
19	話法	20	特殊構文								

大修館書店　書店にない場合やお急ぎの方は、直接ご注文ください。☎03-3934-5131

定価＝本体＋税5%　(2010. 1. 現在)